有故事的地图

I

我们的百家姓

WoMen De BaiJiaXing

尚青云简 编著

北京理工大学出版社

版权专有　侵权必究

图书在版编目（CIP）数据

有故事的地图：我们的百家姓：全4册 / 尚青云简编著. —北京：北京理工大学出版社，2021.6
　　ISBN 978 – 7 – 5682 – 9664 – 9

Ⅰ. ①有… Ⅱ. ①尚… Ⅲ. ①姓氏 – 中国 – 通俗读物 Ⅳ. ①K820.9–49

中国版本图书馆 CIP 数据核字（2021）第 058154 号

有故事的地图：我们的百家姓

出 版 发 行 /	北京理工大学出版社有限责任公司
社　　　址 /	北京市海淀区中关村南大街5号
邮　　　编 /	100081
电　　　话 /	（010）68914775（总编室）
	（010）82562903（教材售后服务热线）
	（010）68948351（其他图书服务热线）
网　　　址 /	http://www.bitpress.com.cn
经　　　销 /	全国各地新华书店
印　　　刷 /	北京尚唐印刷包装有限公司
开　　　本 /	787毫米×1092毫米　1/12
印　　　张 /	28
字　　　数 /	464千字
版　　　次 /	2021年6月第1版　2021年6月第1次印刷
审 图 号 /	GS（2020）5808号
定　　　价 /	156.00元（全4册）

责任编辑 /	田家珍
文案编辑 /	田家珍
责任校对 /	周瑞红
责任印制 /	李志强

图书出现印装质量问题，请拨打售后服务热线，本社负责调换。

目录

> 我们是这么来的
> 我们都去了哪儿
> 我们家的名人簿
> 我们家的丰功伟绩

李 ……6

王 ……12 赵 ……48

张 ……18 周 ……54

刘 ……24 吴 ……60

陈 ……30 徐 ……66

杨 ……36 孙 ……72

黄 ……42 朱 ……78

"姓"与"氏"是怎么回事儿

"姓"是怎么起源的？

说到"姓"的起源，那可得从母系氏族社会说起。那时候，女性是部落中的绝对领导者，占据重要地位。通常大家只知道妈妈是谁，而爸爸是谁，都不太关心。

我们都有各自的姓。

我们都是不同的妈妈生的。

为了标明我们是哪个妈妈生的，我们都在各自的名字前加了"姓"。因为那时候的部落太多了，所以不同的部落就用不同的"姓"来区分。

我属于神农氏部落，是炎帝的后代，我们和共工氏部落、有邰氏部落、吕氏部落，都属于姜姓的分支。而且我们的氏名都来自男性祖先。

神农氏部落　共工氏　有邰氏　吕氏

"氏"是什么时候出现的？

到了父系氏族社会，男性可是大翻身了，取代女性地位，成为部落里的领头人。这时候，同姓的人也越来越多，因此出现了很多分支，为了区分这些分支，就有了"氏"。

而我们这些有地位的男人，比如诸侯、大夫，不仅有姓还有氏，但一般以"氏"来称呼。

周天子姬发

晋国大夫智氏

"姓"与"氏"是怎样融合的？

在秦国统一中国之前，"姓"与"氏"可是区别使用的。我作为周王朝的天子，有姓有名，但没有氏。姬姓就是我们王室的姓。

我是春秋时期齐国的宗室，像我们这些有地位的女人，都称姓，而不称氏。比如人家叫我齐姜，齐是我的国家名，姜是我的姓。

先秦时期，我们这些平民，只有名字，不配有姓氏。那些奴隶和我们一样，更没什么姓氏了。

秦汉以后，"姓"与"氏"渐渐融合在一起，我们普通人也有了自己的姓。

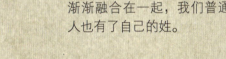

上古八大姓有哪些？

我姓姚，我的姓氏非常古老，属于上古八大姓之一。其他七姓是姬、姜、姒、嬴、妘、妫、姞，看出来了吗？我们上古八姓中都有一个"女"字旁，这是因为最早的姓都来自母亲。后来的很多姓氏，都是从我们上古八姓演变出来的。

你不知道的姓氏趣闻

传说，最初的李姓并非姓"李"，而姓"理"。这是因为他们的祖先皋陶是尧舜时期的理官（掌管刑法），后世子孙便以"理"为姓。后来，皋陶的后人理征因为执法公正，得罪了商纣王，招来杀身之祸。他的妻子和儿子理利贞在逃命途中，快要饿死，幸亏逃到一棵李树下，靠吃李子而活了下来。因此，"理"姓就改为了"李"姓。

🔊 汉字解读

"李"，"果也"，指李树上结出的果子。上面的"木"字是个象形字，是对树枝、树根的描绘。下面的"子"字，表示襁褓中的婴儿，本义指人类幼子，也可用来形容动植物的幼崽、幼苗。

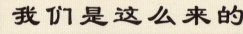

我们是这么来的

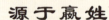

源于嬴姓

皋陶

我姓嬴，名皋陶，东夷族的首领，是执掌刑法的理官，也是李姓的祖先。

我是皋陶的后人理征,因为祖先的官名(理官)而得姓理。本人执法公正,不畏强权。

我叫理利贞,因为父亲理征得罪了商纣王,我和母亲在逃亡途中快要饿死了,幸亏吃李子得以活命。后来,我们家就代代培育李树,并改"理"姓为"李"了。

••• 源于赐姓 •••

我是三国时代蜀国丞相诸葛亮,在平定南方叛乱后,我给许多当地没有姓氏的民族赐姓李。

到了大唐时代,皇帝为了表彰功臣们的功绩,就给他们赐国姓李。

我叫徐世勣,是唐朝开国功臣之一,所以有幸得赐国姓李。像我这样的国姓的还有很多姓,比如安、杜、胡、鲜于、阿布、朱邪等十六个姓。从此,李姓人口大量增加。另外,崇仰汉人的许多少数民族自己改了李姓。

我们是少数民族首领,因为归顺唐朝有功,也非常荣幸地得赐国姓李。

③秦汉时期,我们有一支李姓族人从关中(今陕西中部)迁居陇西(今甘肃东南大部),这支李姓族人奉西汉将军李广为祖先,繁衍出有着三十九房分支的陇西李氏大族。还有一部分李姓成员生活在赵郡(今河北邯郸),我们这支李姓奉赵国名将李牧为先祖,后来繁衍为东、南、西李氏大房,成为著名的赵郡李氏望族。

④西汉时期,李姓开始从河北迁往山东,从湖北到了江西,东汉时又迁往云南和贵州。这个时期,白族、苗族、彝族等兄弟民族也有不少人加入我们李姓大族。

⑤唐朝时期,我们李姓成为国姓,也是我们家族大发展时期。其中,参与党争的李派首领李德裕从长安(今西安)被贬到崖州(今海南),其后世子孙就成为海南岛上李姓的始祖。

⑥明朝时期,山西平阳、太原一带的李氏族人迁往华北地区较为荒芜的地方。此外,福建的李氏则迁往台湾地区。从此,我们李姓遍布全国。

我们家的名人簿

李冰

西汉

李广：西汉抗击匈奴的名将，善于骑射，人称"飞将军"。他曾任北部边境七郡太守，多年与匈奴交战，使匈奴不敢进犯。在一次出征匈奴途中，李广因迷路而未能参战，愤愧自杀。

战国

李冰：水利工程专家，秦国蜀郡太守。那时候，蜀郡水患严重，李冰在治水期间，修建了中国早期的灌溉工程——都江堰，不仅根除了水患，更造福百姓，使蜀地成为天府之国。

唐

李白：伟大的浪漫主义诗人，与杜甫合称"李杜"。李白出生于盛唐时期，有远大的理想抱负。他热爱祖国山河，曾游历大江南北，写出大量赞美名山大川的诗篇。他的诗，既豪迈奔放，又飘逸若仙，意境瑰丽神奇，代表作有《蜀道难》《将进酒》《梦游天姥吟留别》《早发白帝城》等。他创造了古代浪漫主义文学，常常借助丰富的想象，将现实与梦境、仙境交织在一起，再回归客观现实，对后世诗坛产生极为深远的影响。他生性豪放，又特别爱饮酒作诗，许多名作都是醉中所作，被称为"诗仙"，可谓古今诗坛第一人。

李白

宋

李清照

李清照：著名女词人，婉约词派代表。她自幼才华过人，前期作品多描写悠闲的生活，北宋灭亡后，历经国破家亡，其词作风格突变，多悲叹身世，怀念故国。

明

李时珍：医药学家。他游历天下，四处寻访药物标本和处方，并参考历代医药书籍，前后历经27年，三次删改，最终完成医药学皇皇巨著——《本草纲目》，被后世尊为"药圣"。

李时珍

我们家的丰功伟绩

创立道家学派

我们知道,《西游记》里有位会炼仙丹的老神仙,他就是太上老君。而我们普遍认为老子是太上老君的化身。那老子又是谁呢?老子,名李耳,道家学派的创始人。在唐朝,他被我们李姓族人尊为祖先。

老子是春秋时期陈国人,也是理利贞的后裔,他的家乡苦县(今河南鹿邑),传说就是当初理利贞指李为姓的地方。老子的学问非常渊博,曾做过周王室管理藏书的史官,孔子也曾向他请教过学问。后来,老子辞去官职,骑着一头青牛离开,在路过函谷关时,应守关人的要求,将自己的思想和学问写成一本书。这本书就是道家的圣典——《道德经》。

《道德经》围绕着关于"道"的理论展开,认为天地万物的规律都由自然来定。在《道德经》中,老子还提出了"无为而治"的政治思想,主张君主治国不要与民相争,要充分发挥万民的创造力,从而实现国家的富强。

《道德经》是一部思想巨著,对我国哲学的发展具有深远的影响。学习《道德经》的人形成道家学派,老子就成为道家学派的创始人。后来,人们还创立了道教,将老子奉为道教的始祖。

你不知道的姓氏趣闻

古时候，国家的最高统治者都称"王"，比如商纣王、周文王等。"王"作为姓氏，就来源于"王"这个至尊之位。东周时期，周灵王的太子姬晋也就是王子晋，因触怒了灵王，被贬为普通百姓。他的后世子孙迁居太原，人们称其为王家，意思是王室之家。久而久之，他们就以王为姓，王子晋也成为王姓始祖。

孩子，你要记住，我们是王室的子孙啊！

那我以后就姓王了。

🔊 汉字解读

"王"字，本义为天子、君主。在甲骨文中，"王"字是一个象形字，像一把大斧头，最上面是斧柄，下面是宽宽的斧刃。斧是武器，也是权力的象征，所以古人将最高统治者称为"王"。

我们是这么来的

源于姬姓

我本是太子，人称王子晋，被贬为平民后，早早就去世了。我的子孙迁居到太原，改为王姓，并发展了太原王氏和琅琊王氏两大望族。

我是周平王的嫡孙姬赤，不幸被弟弟夺了王位，逃到晋国后，子孙改以"王"为姓。他们主要生活在山西临猗一带。

周文王

我是周文王，姓姬，是黄帝的后裔，大部分王氏族人都是我的后世子孙。在数代繁衍中，他们逐渐分为多支王姓族派。

王子晋 **姬赤**

我是周考王的弟弟姬揭,封地在王城(今河南洛阳王城公园),后来子孙迁出河南王城,改姓了王。

周桓公姬揭

魏卑子

我是魏卑子,祖先是周文王第十五子毕公高,祖父是魏国信陵君无忌。魏国灭亡后,我逃往泰山,在汉朝初年被封为兰陵侯,子孙后来以"王"为姓。

••• 源于子姓 •••

比干

我是商纣王的叔叔比干,姓子,因多次向残暴的纣王直言进谏而惨遭杀害,而我的后人和族人一直居住在河南地区。因祖先是商朝王族,所以我们改姓王,形成河南汲郡王氏望族。

••• 源于妫姓 •••

我的祖先舜因被派到妫水,部分留在此地的后人改为妫姓。舜的后裔妫满被封到陈国,陈国灭亡后,妫满的子孙公子完逃到齐国,改为田氏。我就是公子完的后人田和,取代齐国国君,建立了田氏齐国。后来,齐国灭亡后,一部分子孙改姓了王。

田和

我们家的名人簿

战国

王翦： 秦国将领，与白起、李牧、廉颇并列为战国四大名将。王翦有勇有谋，有杰出的指挥才能。秦王嬴政起初派李信率20万大军攻打楚国，王翦却说要攻下楚国，非60万大军不可。秦王心想王翦老了，恐怕不堪大用，谁知等到李信在楚国兵败，秦王才知自己错了。后来，王翦果然用了60万大军灭了楚国。在秦灭六国的战争中，燕、赵、魏、楚、齐五国是他与儿子王贲共同所灭，为秦统一天下立下了大功。王翦和儿子王贲、孙子王离一家三代都是名将。

汉

王莽： 政治家、改革家。公元8年，西汉皇权衰落，他以摄政多年的威望取缔汉朝，建立新朝，宣布推行各项新政，史称"王莽改制"。

唐

王勃： 诗人，初唐四杰之一。王勃自幼聪敏好学，六岁就能写文章，被誉为"神童"。他的骈文成就最高，代表作为《滕王阁序》。诗词上，他擅长写五律和五绝，有名句"海内存知己，天涯若比邻"传世。

宋

王安石： 著名政治家、改革家、文学家。宋神宗时期，他担任宰相，推行变法，力求改变北宋贫弱的局面，一定程度上增强了国力。

近代

王国维： 著名学者，在国际上享有盛名。他创立了独特的美学思想体系，是最早运用西方哲学、美学等来评析中国古典文学的开拓者，也是将史学与考古学结合的开创者。

秦、楚交战，秦国大败楚国。

我们家的丰功伟绩

创作"天下第一行书"

说到在书法界独领风骚的人，一定少不了出自我们王家的"书圣"王羲之。王羲之是东晋时人，出身于当时的豪门望族——琅琊王氏。他年少时就酷爱书法，练习也非常刻苦。他每日都要练很长时间，写上很多字，日子长了，连用来清洗毛笔的池塘水都变成了墨的颜色。因此，人们称之为"墨池"。等到学有所成后，王羲之又游历四方，每到一个地方，他就会想办法拓下当地前人留下的碑刻，积累书法资料。然后博采众家之长，形成自己的书法风格。据说，他在书房里、院子内、大门边甚至厕所外面都摆上凳子，上面安放好笔墨纸砚，只要想到一个结构好的字，他立马就近写到准备好的纸上。正是因为痴迷的训练，王羲之的书法造诣才越来越高。

有一年的农历三月初三，王羲之和许多文人雅士齐聚在绍兴兰亭这个地方。众人高谈阔论，饮酒作诗，十分快意。王羲之将这些诗汇编成集，并当下挥毫泼墨，为诗集作序，这就是闻名于世的《兰亭集序》。这幅字帖记述了当时人们饮宴赋诗的情景，共28行、324字，字字精妙绝伦，举世无双。后世将《兰亭集序》奉为书法神品，称之为"天下第一行书"。

王羲之不仅自己书法技艺高超，他的儿子王献之也是有名的书法家，父子俩并称"二王"。

你不知道的姓氏趣闻

张姓，是一个超级大姓，全国100个人里面，大概就有7个人姓张。说起张姓的起源，却和弓箭脱不开关系。传说，黄帝的孙子挥是张姓始祖。挥担任弓正一职（弓正是古代官名）。一看名称就知道，这是做弓箭、制造军备的官。后来，挥的后代便以官职名为姓，取"弓长"之意，姓张了。

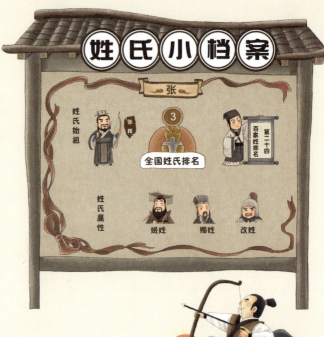

 汉字解读

"张"字有两个意思：一是大家常说的开弓，即把弓拉开，准备发射；二是将弦挂上弓，所以有拉紧、绷紧的意思，与"弛"相对。

我们是这么来的

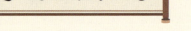

源于姬姓

我是黄帝，姓姬，也是大部分张姓人的老祖宗。

我叫挥，是黄帝的直系子孙。我的封地在青阳。后代都是著名的"清河张氏"，我们可是张姓最重要的一支。

解 张

我是周成王的后裔解张,正牌王室子孙,在晋国做了大夫。我字张侯,后人为了纪念我,就用我的字"张"为姓。

源于赐姓

诸葛亮

我是诸葛亮,带领蜀国平定南中时,爱给各兄弟民族赐姓,方便领导他们。

龙佑那

我叫龙佑那,三国时期云南部落首领。归顺了蜀汉后得诸葛丞相赐姓张,俺的后人就都姓张了。

源于改姓

张辽

我是三国时期曹魏名将张辽,本来姓聂,为了避祸,不得已改姓了张。

女真族 **鲜卑族**

我们是少数民族兄弟,为了姓名好念又好记,索性改了汉姓张。

我们家的名人簿

战国
张仪： 战国时期著名的谋士。在秦国为相时，靠着出色的口才说服各国放弃合纵抗秦，转而与秦连横结盟，为秦国称雄立下了汗马功劳，得封武信君。

秦末汉初
张良： 秦末汉初杰出的谋士。秦灭六国后，曾刺杀秦始皇，虽没有成功，但扬名天下。后来，成为刘邦的谋士，帮助刘邦打败项羽，建立了汉朝。

西汉
张骞： 汉代杰出的外交家、旅行家，也是一位探险家。那时候，汉朝与西域之间的通道被匈奴把守，无法沟通交流。汉武帝便派张骞出使西域，以联络西域各部，共同抗击匈奴。于是，张骞就带着一百多人进入西域，历尽千难万险，其间也曾两次被匈奴抓获、关押。但张骞最终还是打通了汉朝通往西域的道路。这条道路，就是赫赫有名的丝绸之路。从此，不仅汉朝攻打匈奴有了帮手，更将中原文明传播到西域，促进了东西方文化的交流。张骞因此被称为"第一个睁眼看世界的中国人"，其功绩不亚于哥伦布发现新大陆。

> 俺的丝绸之路，可不是那么容易走出来的。

东汉
张衡： 西汉著名的天文学家、地理学家，还是发明家、数学家、文学家。他曾发明了浑天仪和地动仪，浑天仪是测量天体和演示天象的，而地动仪则是预测地震的。这在当时可是了不起的发明。

张九龄

唐
张九龄： 唐玄宗时期的名相，一位有远见和胆识的政治家。为官时，直言敢谏，提出各种有效的行政方针，维护了开元盛世。辞官后，仍助朝廷开凿大庾岭，改善南北交通。

明
张居正： 明朝首辅大臣，著名政治家、改革家。他在万历时期任内阁首辅十年，推行了一些政治、经济改革措施，其中"一条鞭法"的制度，改善了明朝的财政收入。

我们家的丰功伟绩

创作第一首打油诗

什么是打油诗？它是一种像顺口溜的诗，不太讲究格律，也不注重平仄和对偶，但吟诵起来却诙谐有趣，朗朗上口。

说到创作第一首打油诗的人，便是我们张姓族人张打油。他是唐朝人，虽以卖油为生，却喜欢作诗。他的诗不讲究韵律，更像顺口溜，周围的人便把他写的诗叫作"打油诗"。

张打油写过一首很有名的打油诗——《咏雪》。据说，一天，天降大雪，到处白茫茫一片。张打油来了诗兴，随口吟道："江上一笼统，井上黑窟窿。黄狗身上白，白狗身上肿。"这就是《咏雪》。"江上一笼统"，是说江上到处一片白色；"井上黑窟窿"，是指雪落入井里，显得井上好似一窟窿；"黄狗身上白，白狗身上肿"，这两句更有趣了，黄狗身上落雪，变成了白狗，而白狗身上落雪，白上加白，就显得肿起来了。这首诗用语通俗，自然质朴，全篇没写一个"雪"字，却让人看到了铺天盖地的大雪，真是形神兼备。此诗流传至今，人人读之，无不叫绝。

你不知道的姓氏趣闻

夏朝后期，有一个学过养龙术的人，名叫刘累。他是上古首领帝尧的后裔，姓伊祁，名刘累。当时，夏王孔甲得到四条龙，便交给刘累驯养。一开始刘累养得很好，夏王赐他为御龙氏。后来，一条雌龙死了，刘累怕被夏王治罪，便带着家人逃走隐居起来。此后，他的子孙便以他的名字为姓，改姓刘了。

汉字解读

"刘"的古体字是"劉"，可以拆成"卯""金""刂"。在古代，"刘"是一种像斧钺一类的兵器，象征皇权，有杀戮、征服的意思。

我们是这么来的

源于帝尧

我姓伊祁，名尧，是上古有名的圣君，也是刘姓的远古世祖。

我是尧的后人刘累，因养死夏王孔甲的龙而逃到河南鲁县（今鲁山县），子孙为了隐姓埋名，就以我名字中的"刘"为姓了。

源于姬姓

我是周成王,名姬诵,封了许多同姓诸侯,加强了王朝的统治。

我是正宗周王室后人,周文王的弟弟,被成王封在刘邑(今河南偃师市),后来,子孙们就以封地"刘"为姓了。

源于赐姓和改姓

我们俩本一个姓项,一个姓娄,因有功于刘氏王朝,都被汉高祖赐姓刘了。

我是匈奴的单于冒顿,本姓挛,因为娶了汉朝皇室的女子为妻,挛氏子孙就改姓刘了。

我们是匈奴人,为了得到中原人民的支持,所以自称是汉朝公主与匈奴单于的后代,改姓了刘,后定居河南,成为"河南刘氏"。

我们家的名人簿

西汉

刘彻：即汉武帝。他在政治上加强了中央集权；文化上"罢黜百家，独尊儒术"，将儒学思想作为国家的统治思想；军事上开疆拓土，战胜匈奴，扩大版图；开创了西汉的鼎盛时期。

东汉

刘秀：东汉开国皇帝，史称光武帝。刘秀出身南阳郡刘氏，是皇室的远亲。新朝末年，天下大乱，刘秀也乘势起兵反抗新莽政权。他先是参加了绿林军，后独立领兵在河北一带作战。经过艰苦卓绝的奋斗，他建立了政权，仍以"汉"为国号，史称东汉。后来，他又征战四方，结束了中国长期割据混战的局面。刘秀统一天下后，开始发展经济，减免赋税，让百姓过上安居乐业的日子。在他统治期间，汉朝恢复了国力，史称"光武中兴"。

魏晋

刘徽：伟大的数学家，古代数学领域的泰斗。他所著的《九章算术》和《海岛算经》是我国最宝贵的数学遗产。他建立了相似勾股形理论，提出割圆术并给出计算圆周率的科学方法，以及解方程组的新方法等。他还是最早明确用逻辑推理来论证数学命题的人。

清

刘铭传：清末名臣，洋务派骨干。曾率兵击退过法国舰队。后任台湾地区第一任巡抚，对台湾地区进行军事、经济建设，发展航运与教育事业。现今，台湾地区的铭传大学就是为了纪念他而建。

唐

刘禹锡：著名诗人、文学家，有"诗豪"之称，与白居易合称"刘白"。他的诗清隽明朗，景象开阔，极富张力和雄直的气势，代表作有《竹枝词》《乌衣巷》《陋室铭》等。

汉字演变

劉 劉 劉
篆文 隶书 楷书

> 从此，天下是我刘家的了。

我们家的丰功伟绩

建立大汉王朝

我们刘姓族人在历史上建立的政权可不在少数，但首屈一指的，还数刘邦建立的大汉王朝。

秦朝末年，因为秦二世的暴政，各地爆发起义。当时，刘邦在沛县当亭长，结交了一批人。不久，他便揭竿而起，壮大了队伍。后来，楚怀王与诸将约定，谁先平定关中，就封谁为关中王。刘邦领军西征，一路势如破竹，攻下了关中，进入秦都城咸阳，从此秦朝灭亡。刘邦废除秦朝的严刑峻法，赢得了民心。

此时，势力强大的项羽向关中挺进时，得知刘邦已攻破咸阳，十分恼怒。项羽谋士准备设局杀死刘邦，不料刘邦却逃脱了。之后，项羽与刘邦的楚汉之争长达4年。最终，刘邦打败了项羽。项羽兵败，在乌江边自刎。刘邦则建立了汉王朝，定都长安，史称西汉。西汉王朝共延续210年。后来，刘秀又建立了东汉，国祚绵延195年。两汉王朝加起来，共400多年，是历史上重要的大一统王朝。

你不知道的姓氏趣闻

说到我们陈姓的起源,还得从舜说起。那时,帝尧想选姚舜做继承人,便先把他派到妫水去完成任务。后来,舜的后人就改姓了妫。周武王建立周朝后,将舜的子孙妫满(后称胡公满)封到了陈国,还将大女儿嫁给他,陈国成为保卫周王室的重要诸侯国。后来,妫满的子孙就以国为姓,改姓了陈。

姓氏小档案 · 陈
姓氏始祖：胡公满
全国姓氏排名：5
百家姓排名：第十
姓氏属性：帝舜之妫姓、改姓、赐姓

汉字解读

"陈",在古代与"阵"字相通,指部队在山林、旷野行军作战的阵形。后来,"陈"有安排、布置的意思,如"陈列";还表示旧、时间久,如"陈旧"。

我的先祖姓姚,我姓妫,而我的子孙有不少姓陈。

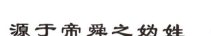

我们是这么来的

源于帝舜之妫姓

我是上古部落联盟首领姚舜,被派到妫水完成任务后,那里的一部分子孙便改姓了妫,大部分陈姓都出自妫姓。

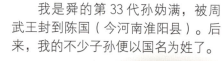
姚舜

我是舜的第33代孙妫满,被周武王封到陈国(今河南淮阳县)。后来,我的不少子孙便以国名为姓了。

妫满

陈完：我本是陈国公子陈完，陈国内乱时，我逃到齐国，改姓了田。后来，田氏子孙田和取代姜氏成为齐国国君。

我是正宗齐王室子孙田轸，齐国灭亡后，我迁入颍川（今河南禹州市），又改姓了陈，后世子孙繁衍为陈姓中最重要的一支。

田轸

··· 源于改姓与赐姓 ···

我们是鲜卑族"侯莫陈"氏，因孝文帝改革，改为单姓"陈"。

我们本是蒙古贵族，元朝灭亡后，投降了大明，被明太祖朱元璋赐姓了陈。

我本是龟兹国（古代西域大国）后裔，在内地做官，后来就改姓了陈。

鲜卑族

蒙古族

龟兹国人

我们都去了哪儿

① 我们大部分陈姓族人起源于古陈国地区（今河南周口市淮阳）。现在，不少淮阳当地的陈姓人称自己是"老陈户"，意思是非常古老的陈姓人。

② 春秋时期

我们家的名人簿

秦

陈胜：农民起义领袖。秦朝末年，陈胜与吴广在大泽乡一起率众起义，随后建立张楚政权。他是领导农民起义的先驱，被称为中国农民起义第一人。

西晋

陈寿：著名史学家。他耗时10年，完成纪传体史学巨著《三国志》。这部著作讲述了我国从汉末到西晋的近百年历史，与《史记》《汉书》《后汉书》并称"前四史"。

唐

玄奘：本名陈祎，著名高僧，也是《西游记》中唐僧的原型。唐太宗贞观年间，玄奘独自一人西行，决心到天竺（今印度，佛教起源地）求取佛法的真谛。他走了五万里路，历尽各种艰辛，终于到达天竺。在天竺游历17年，他遍学了当时的大小乘佛教的各种学说，终于成为通晓三藏的法师。一次，天竺的戒日王举行佛学辩论大会，玄奘在会上讲论佛法，与会的几千人没有一人能辩倒他，他一时名震天竺。后来，玄奘携带650多部经书返回大唐，潜心与弟子翻译佛经，为佛教的发展与中外文化的交流做出巨大贡献。

清

陈化成：爱国名将，民族英雄。他为官清廉，治军严明。那时，英国舰队不断侵扰我国东南沿海，他率水军誓死捍卫祖国领土。鸦片战争爆发后，他身先士卒，死守吴淞，最后英勇牺牲。

我们家的丰功伟绩

史上最牛的分家

我们陈家在历史上有过一次最牛的分家，怎么牛法呢？这次分家由宋仁宗亲自主持，包拯担任具体执行人。是什么样的分家需要劳皇帝大驾和包大人呢？那是因为这是一次涉及几千人的分家盛事，而此事却要从唐朝说起。

唐朝时，有一个叫陈伯宣的人，带领全家迁到了江州（今江西九江）居住，从此发展为江州陈氏。一开始，江州陈氏只有父子几人，到了宋仁宗时期，已发展到3700多人。了不起的是，他们这一支以孝道、仁义治家，历经300多年，延续了整整19代，竟然一直没有分家。3700多人每天一起吃饭，大家按照辈分，长幼有序都坐好了，人齐了才开饭。大家不争不抢，互相谦让，从不分你我。就连家里养的100多条狗，也是同一个食槽吃饭。人们非常敬佩他们这种精神，称其为"义门陈氏"。

后来，他们的人口实在太多了，给当地造成了人口压力，才不得不分家。于是，就有了宋仁宗亲自主持分家，并把具体事宜交给包拯去办。分家时，他们都互相谦让，没有出现任何争夺财产的事情。义门陈氏分散到各地后，都在自家门口挂了一个写有"义门"二字的灯笼。直到20世纪50年代，仍然还有陈家挂着这样的灯笼。

其实，义门陈氏最了不起的，不是皇帝亲自给分家，而是他们这种不计个人得失的义门精神。

你不知道的姓氏趣闻

我们杨姓的始祖伯侨被封在杨国，所以后世子孙改姓了杨。但这中间还有个小插曲：伯侨的孙子姬突被封在了羊舌邑（今山西洪洞县内），称为羊舌大夫。这一族便以羊舌为姓，并发展成为晋国大族。后来，子孙羊舌食我因卷入礼法、利益斗争被杀。所以，羊舌氏的后代又改成杨氏或羊氏。所以说，我们杨姓和羊姓在几千年前还是一家呢。

汉字解读

杨的本字是"楊"。"楊，木也"，指喜爱光照耐旱的常绿乔木。"昜"，在古代同"阳"，指"日升汤谷"，有阳光四射之意。

我们是这么来的

源于姬姓

我是周武王，天下大部分杨氏都出自我们王室。

我是周朝第11代君主周宣王的儿子尚父，被封在古杨国（今山西洪洞一带），子孙便以国为姓。

从现出土的文物中,我们发现还有一部分杨氏出自古姞姓杨国。这个国家比姬姓杨国存在的时间更早,故址也在山西洪洞附近。

我是杨姓正宗的始祖,晋献公的弟弟伯侨。春秋时期,古杨国被我晋国(姬姓)所灭,哥哥将我封在这里,称杨侯。我的子孙后来以封邑为姓,改姓杨了。

··· 源于赐姓 ···

我是贵州当地的少数民族,三国时期,诸葛丞相平定这里后,为我们赐姓杨。

我叫杨义臣,本姓尉迟,是鲜卑族人,因父亲为大隋朝立下战功,隋文帝赐了国姓杨。

··· 源于改姓 ···

我们本是北魏鲜卑族"莫胡卢"氏,因孝文帝汉化改革,改为汉姓杨。

我是诸暨杨氏的始祖杨顺,本来姓倪,生活在宋朝。我的父亲是龙图阁学士,因反对变法而获罪,我得到外祖杨家保护才活了下来,所以便改了杨姓。

我们家的名人簿

杨朱

战国

杨朱： 哲学家、思想家，道家杨朱学派的创始人。他主张"贵己""重生""人人不损一毫，人人不利天下"，在战国时代，他的思想曾与儒家、墨家学派相抗衡。

隋

杨坚： 隋朝开国皇帝。其父杨忠曾被西魏皇帝赐鲜卑姓普六茹，杨坚掌权后，恢复杨姓。他从北周皇室手中接过大权，建立隋朝，结束了长达400年的分裂混战局面，开创了"开皇之治"。

五代

杨行密： 五代十国时期吴国奠基人。唐朝末年，杨行密进封吴王，曾遏制朱温进军南方的步伐，避免了全国更大的动乱，为后来南唐的建立奠定了基础，被誉为"十国第一人"。

宋

杨业： 宋初名将。杨业年少时即善骑射，又有勇有谋。最初，他在北汉为将，以骁勇善战而远近闻名，被称为"杨无敌"。北汉灭亡后，杨业归顺北宋，宋太宗爱其才，封他为右领军卫大将军。980年，辽军进犯北宋边境，杨业在雁门关率兵大破辽军，威震契丹。后来，杨业受命北伐辽国，因被胁迫贸然出兵，不幸中了辽军埋伏，在陈家谷力战被擒，宁死不屈，最终绝食殉国。他的后人杨延昭、杨文广等人也一直为北宋王朝捍卫疆土，成就了"杨家将"一门英烈的忠勇故事。

明

杨士奇： 明代大臣、学者。他在内阁担任辅臣达40多年，先后辅佐了几代皇帝，维护了明朝的稳定与发展，与同时辅政的杨荣、杨溥并称"三杨"。

清

杨秀清： 太平天国运动的领军人物。早年，他和洪秀全等人一起发动金田起义，掀起反抗清廷的轰轰烈烈的太平天国运动。

我们家的丰功伟绩

名震天下的四知堂

什么是"四知堂"呢？这是我们杨姓的一个著名堂号，也是杨姓族人创建的药铺名号。关于"四知堂"的由来，要从东汉时期的名士杨震说起。

杨震是东汉时期的一名官员，有一次，他被委任为东莱太守，在赴任途中路过一个叫昌邑的地方。而昌邑的县令王密曾经受过杨震的恩惠，听说杨震要路过此地，王密很是欣喜，想悄悄去拜访杨震。他知道杨震为人正直，不喜欢张扬，就偷偷带了十斤黄金，打算送给他，以报答他的恩情。没想到，杨震见到金子，立马不高兴地说："我是你的老朋友，我是了解你的，而你却不了解我了，这是为什么呢？"王密以为杨震心有顾虑，便说："暮夜无知者。"意思是说，我是半夜来的，没人知道这事，您就收下吧。杨震正色道："天知、神知、我知、子知，何谓无知？"意思是说，天知道、神知道、我知道、你知道，怎么叫没人知道呢？这就是闻名天下的"四知"的由来。后来，杨姓后人便用这两个字做了堂号。

此后，汝州的杨姓族人用这个堂号做了药铺的名字，以此向世人表明他们凭良心做事，天知、神知、我知、子知，绝不欺瞒顾客。在过去，四知堂与北京的同仁堂、南方的胡庆余堂齐名，名闻天下。

你不知道的姓氏趣闻

据考证，我们黄姓最早起源于内蒙古地区的西拉木伦河流域，因为崇拜黄莺鸟而自称黄族。后来，黄族部落东迁，与东夷部落首领少昊联姻，逐渐成为东夷部落中比较强大的一支部族。此后，少昊的后人伯益因功被赐嬴姓，而嬴姓中的一支又建立了黄国（在今河南信阳）。子孙便以黄为姓了，并且是黄姓中最主要的一支。

姓氏小档案

姓氏始祖：伯益
全国姓氏排名：7
百家姓排名：第九十六
姓氏属性：嬴姓、官名、改姓

汉字解读

黄，本义是指中原土地的颜色。从甲骨文的"黄"字来看，很像一个人胸前戴了一块玉佩。所以，"黄"最早是"璜"的本字。

我们祖先崇拜黄莺，便自称黄人。

我们是这么来的

源于嬴姓

少昊

我是东夷部落的首领少昊，黄帝的长子，人称白帝。黄姓子孙大部分出自我的后裔。

我是少昊的后人，东夷部落联盟的首领伯益，因治水有功被舜帝赐姓嬴。我有14支后裔，其中一支为黄氏，建立了黄国。后来，黄国被楚国所灭，子孙就以黄为姓。

我也是少昊的后人，名叫台骀，是水官的统领。我的一支后裔也建立了一个黄国，后来被晋国所灭，子孙也以黄为姓。

源于官名

黄龙师是我的官名，而不是姓名。这是伏羲设置的一个官职，我的后人里便有以这个官职为姓的，简称黄氏。

黄云同样是我的官名，是黄帝设置的一个官职。我的后人里也有以黄云为姓的，后来简称黄氏。

源于改姓

在上古时期，我们王、黄两姓发音相同，所以互相改来改去。此外，还有陆姓、巫姓、吴姓、金姓等改为黄姓的。

少数民族改为黄姓的也有不少，比如我们回族、满族、壮族、瑶族等。

我们家的名人簿

黄歇

战国

黄歇：政治家，战国四公子之一。他见识广博，在楚考烈王时期担任宰相，封为春申君，辅政长达20余年。

东汉

黄香：东汉大臣，以孝闻名天下。他幼年家贫，尽心尽力地侍奉长辈，"香九龄，能温席"，讲的就是他的故事。

三国

黄忠：蜀汉名将。他作战勇敢，曾帮助刘备攻下益州，斩杀曹军大将，屡立战功，被封为后将军、关内侯，与张飞、马超、关羽同位。

唐

黄巢：农民起义领袖。唐朝末年，百姓生活困苦，他率众起义，后来建立大齐政权。黄巢起义让走向衰落的唐王朝更加摇摇欲坠。

宋、元

黄庭坚：文学家、书法家，江西诗派的开山之祖。他曾提出"点铁成金"的诗学理论。书法上，他擅长行书、草书，楷书也自成一家。

黄道婆：又称黄婆或黄母，棉纺织家、技术改革家。她出身贫苦，流落到海南岛。在那里，她跟黎族姐妹学会了运用制棉工具和先进的纺织方法。后来，她返回故乡，在松江府附近的乌泥泾镇，教人如何制棉，并推广各种纺织工具。她所织造的被褥或巾带面上的折枝、团凤等图文很是逼真。很快，松江一带的许多人都掌握了这种先进的织造技术，乌泥泾被传遍了大江南北。黄道婆去世后，松江府成为全国最大棉纺织中心，松江布也有了"衣被天下"的美称。人们感念她传授纺织技术、推广纺织工具的恩德，因此，尊她为布业的始祖。

明末清初

黄宗羲：思想家、史学家，也是经学家、教育家等。他反对君主专制，主张由公众制定"天下之法"，反对"重农抑商"，提倡工、商都是国家之本。

我们家的丰功伟绩

出使南洋，成为文莱始祖

在东南亚地区，有一个国家叫文莱。它出产原油和天然气，是世界上最富有的国家之一。而文莱的创立，却跟我们黄姓族人有着莫大的关系。

元朝时，黄姓家族就有人向南洋迁居。到了明朝初期，明太祖朱元璋派了一位总兵出使南洋婆罗国（古文莱的称呼），他就是黄森屏。黄森屏原是一位抗倭名将，他到了婆罗国后，很快建立了华人政权，当地人称他为"拉阇"（王的意思）。后来，婆罗国的国王将女儿嫁给黄森屏，并和他共同执掌婆罗国。等到这位国王去世后，黄森屏就成为婆罗国新的国王。他发展了当地的经济文化，巩固了大明王朝在这里的势力。到了晚年，黄森屏非常思念故国，就回到了家乡。他去世后，他的儿子继续统治婆罗国。后来，黄家有一位女儿嫁给新的婆罗国国王，她的子孙则世代为国王。

到了清朝末年，婆罗国被英国势力控制，改名为文莱，黄氏一族也渐渐退出文莱政坛。但几百年来，文莱王室一直将黄森屏奉为创国始祖，在文莱首都，仍有黄森屏路。如今，文莱的国旗上有两道斜杠，据说其中一道纪念的就是黄森屏。

你不知道的姓氏趣闻

我们赵姓始祖名叫造父,他是个驾车高手,传说曾用八匹马为周穆王组建了一驾快车,能日行千里,并靠这驾快车帮穆王平定了叛乱。于是,穆王将造父封在了赵城(今山西洪洞县境内),此后子孙就以赵为姓了。造父本姓嬴,所以我们赵姓族人和秦始皇嬴政还能攀上亲戚呢。

汉字解读

赵,古体字为"趙","趨趙也",意思是快步疾走。左边的"走"字,像一个人快步行进;而右边的"肖"字,传说为少昊时期东夷部落的鸟图腾,表示供奉于神案的玄鸟。

我们是这么来的

源于嬴姓

我是造父,东夷部落伯益的后裔,因功被周穆王封在赵城(今山西洪洞县境内),后来子孙就以赵为姓了。

我是造父的后裔赵襄子,世代在晋国为大夫。后来我族与韩、魏三家分晋,建立赵国。赵亡后,王族后人以赵为姓。

我是秦国王族,也是造父后裔,所以族人也有以赵为姓的。

··· 源于少数民族改姓 ···

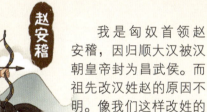

我是匈奴首领赵安稽,因归顺大汉被汉朝皇帝封为昌武侯。而祖先改汉姓赵的原因不明。像我们这样改姓的还有很多,比如女真人、党项人、鲜卑人等。

我是蒙古王族,成吉思汗的弟弟合赤温。后代为了避祸,定居陕西、甘肃一带,改姓了赵。

··· 源于赐姓 ···

我是宋朝开国皇帝赵匡胤,建立大宋后,给许多有功之人赐了国姓赵。

我是一名传令官,皇帝一声令下,许多人都纷纷改了国姓,他们有李、穆、隆、宇文等姓。

我们家的名人簿

春秋

赵衰：即赵成子，晋国大夫。晋文公重耳未当国君之前，他曾跟随重耳在外流亡19年，并为他出谋划策，助他回国夺位。后来，赵衰又击败秦军，帮助晋文公成就了春秋霸业。

战国

赵雍：即赵武灵王，政治家、改革家。他15岁继位，成为赵国第六代君主。当时，赵国的国力并不强，不仅时常受到中原大国的欺侮，还遭到周边林胡、楼烦等游牧民族的骚扰。为了增强国力，赵雍力排众议，推行"胡服骑射"政策，即军事上使用骑兵，并采用适应骑射的胡服，改革军事装备和作战方法，同时进行了一系列政治、军事和经济改革，令赵国国力大增。从此，他抗击匈奴，击败中山，应对秦楚，收复楼烦，使赵国成为北方草原的霸主。

赵胜：即平原君，赵武灵王之子。以贤能著称，门下食客众多。他在赵国多年担任相国，与魏国信陵君、齐国孟尝君、楚国春申君并称为"战国四公子"。

三国

赵云：蜀汉大将，他多年跟随刘备东征西讨，先后参加过博望坡之战、长坂坡之战、入川之战、汉水之战等，屡立战功，被称为"常胜将军"，刘备赞其"一身是胆"。

宋末元初

赵孟頫：著名书法家、画家、诗人。他博学多才，尤以书法和绘画的成就最高。绘画上，他开创了元代新画风；书法上，他以楷书、行书著称于世，创立了"赵体"，与欧阳询、颜真卿、柳公权合称"楷书四大家"。

赵武灵王

我们家的丰功伟绩

黄袍加身，和平夺权

《百家姓》中，我们赵姓排在了第一位，这是为什么呢？因为《百家姓》成书于宋朝，而当时赵姓是国姓，所以作者就将赵排在了首位。宋朝的建立，还有一段"黄袍加身"的故事。

五代十国时期，赵匡胤是后周的大将，在南征北讨中为后周开疆拓土，立下了大功。周世宗去世后，他年幼的儿子继位，许多文臣和将领都担心他无法统治好这个国家。这时的赵匡胤担任归德军节度使和检校太尉一职，手握大权，许多跟随他的将领都希望由他来当皇帝。959年的元月初一，后周朝廷接到了契丹和北汉兵马来犯的消息，便派赵匡胤率军迎敌。

赵匡胤率领大军来到陈桥驿这个地方扎营休息，当夜，一些将领便趁赵匡胤睡觉之际，将一件提前准备好的黄袍披在了他的身上，并山呼"万岁"。那时，只有皇帝才能穿黄袍，将领们这样做的意思就是要赵匡胤下决心来做皇帝。此时的赵匡胤便顺水推舟做了这个皇帝，这就是历史上记载的黄袍加身、陈桥兵变的事件。随后，他带领大军返回京城，后周的其他朝臣见事情已无法挽回，便只好归顺了他。就这样，赵匡胤和平夺权，建立了宋朝。之后，他又先后出兵灭掉南北方其他割据势力，统一了全国。

你不知道的姓氏趣闻

传说，黄帝时期有两位大臣，名叫周昌和周书。他们是最早带领民众挖井引水、灌溉农田、发展农业的部落首领。他们因此给部落取名为"周"。而"周"字就像水渠的流道，有环绕之义。这个周部落，就是后来的古周国。古周国的一部分后裔就以国为姓，改姓为周了。

姓氏小档案

周

姓氏始祖：后稷
全国姓氏排名：9
百家姓排名：第五
姓氏属性：古周国、改姓、姬姓

我们的水道围绕农田，就叫周部落吧。

🔊 汉字解读

周，本义指农作物生长旺盛，密密麻麻，表示稠密、遍布，还有环绕、全面的意思。而"周"字下方的"口"，使这个字又具有周详、周全之义。

我们是这么来的

源于古周国

我们是黄帝时期的两位大臣周昌和周书，负责打井挖渠、灌溉农田，我们的部落叫周，后世子孙就以周为姓。

源于姬姓

我是黄帝的玄孙姬弃，善于种植庄稼，被称为农业始祖，也是周王朝的先祖。

我是姬弃的后人，继承了先祖推广农耕的理想，在周原（今陕西宝鸡市扶风、岐山一带）建立了周族，被后世子孙尊为周太王。

我秉承先祖遗志，建立了大周王朝，史称周武王。周亡后，后世子孙有的以周为姓，形成周氏正宗。

··· 源于改姓 ···

我们是在长安的姬姓子孙，因为唐玄宗叫李隆基，为了避讳他的名字，改姓了周。

我们本是泉州苏氏，因祸事家族财产被查抄，族人也遭到元官军围剿，为了避祸，不得已改了周姓，后来去到台湾地区。

我们原是鲜卑族普屯氏和贺鲁氏，后来都改了汉姓周。像我们这样改姓的兄弟民族还有不少。

我们家的名人簿

汉

周勃： 西汉名将，宰相。他曾跟随刘邦起兵，多次立下战功，被封为绛侯。刘邦去世前曾说："能安刘氏的人必定是周勃。"果然，他后来联合陈平平定了诸吕之乱，迎立汉文帝，维护了汉王朝的稳定。

周瑜： 汉末吴国名将。他出身安徽周氏大族，年少时与孙策是好朋友。后来，他追随孙策在江东四处征战，开疆拓土，为后来东吴的建立奠定了基础。孙策去世后，他又全心辅佐孙策的弟弟孙权，帮他收服当地各股势力，平定江东局面。后来，曹操率领大军南下，想要消灭南方的割据政权。他又联合刘备，在赤壁大败曹操，奠定了后来魏、蜀、吴三分天下的格局。周瑜除了有大将之才，还精通音律，即使喝了酒，弹奏者只要有稍微差错，他都能察觉到，因此，有"曲有误，周郎顾"之称。宋代诗人范成大曾赞美他："世间豪杰英雄士，江左风流美丈夫。"

宋

周敦颐： 文学家、哲学家，宋代理学思想的开山鼻祖。理学是以儒学为中心，支持王权的一种哲学。周敦颐所提出的无极、阴阳、五行等基本概念，构成了理学的基本框架。他的文学创作《爱莲说》传于后世。

近代

周树人： 即鲁迅，伟大作家，中国现代文学的奠基人。他一生为文学创作、文学批评、思想研究等做出巨大贡献，还曾参与新文化运动，对五四运动后的中国社会思想与文化的发展产生了重大影响。

我们家的丰功伟绩

治军从严，千古第一细柳营

历史上，我们周氏家族中当大将军的人有很多。但若论治军最严最有名气的，当数汉代的周亚夫。

他的统军才能一点儿都不亚于他的父亲周勃。有一年，匈奴进犯汉朝边境，汉文帝派了三路兵马驻扎在长安城外。其中一路，就由周亚夫带领，驻守在细柳（古地名，在今陕西咸阳西南）。汉文帝为了鼓舞士气，亲自到三路军营去慰问。他先是到了另两处，两营的守卫士兵见皇帝的车驾来了，马上打开营门，没有通报就放行了。两营的将领匆忙接驾，皇帝走时都亲自相送。

而当文帝来到细柳营时，待遇截然不同。守卫的士兵将他们拦在门外说："军中只听将军命令，没有将军的手令，不能放行。"汉文帝吃了闭门羹，只好派人拿皇帝的令牌进营里通报，周亚夫这才让人打开营门迎接。汉文帝进了细柳营后，发现整个军营军容整肃，士兵们各司其职，并没有因皇帝的到来有任何慌乱。即使是皇帝的车驾，也要遵守军营的规矩，不能疾驰。周亚夫见了皇帝，也只以军中之礼参拜。汉文帝赞叹不已："这才是真将军啊！而那两处军营，如同儿戏。"

周亚夫很快受到了重用。后来，爆发了七国之乱，由周亚夫统帅大军，只用了三个月就平定了叛乱。

你不知道的姓氏趣闻

据记载,周武王的太爷爷古公亶父有三个儿子:太伯、仲雍和季历。三个儿子都很优秀,但亶父最喜欢小儿子季历。太伯和仲雍看出父亲喜欢三弟,为了达成父亲的心愿,让三弟继承王位,兄弟俩便离家出走,去了南方的蛮荒之地(今江浙一带),在那里另建立了句吴国(后改吴国)。后来,吴国的子孙便以吴为姓了。

汉字解读

甲骨文"吴"是个象形字,上面为口,下面像个打手势的人,表示说话的声音很大。后来,"吴"作为国名,泛指江浙一带,也是江浙地区文化的统称。

我们是这么来的

源于上古吴氏

我是一名神箭手,名叫吴贺,曾与后羿齐名。后人以部落名吴为姓,至今已有五千多年了。

源于姚姓

我是舜的后代商均,封在虞地(今河南虞城)。那时候,"虞"和"吴"的读音相近,后代就有以吴为姓的。

源于姬姓

我是大哥太伯，我和二弟仲雍为了将王位让给三弟季历，跑到南方建立了吴国，后世子孙以吴为姓，形成吴氏正宗。

我是仲雍的子孙周章，武王建立周朝后，正式将我封为吴国诸侯。吴国亡后，子孙就改姓吴了。

我是周章的弟弟虞仲，被武王封在虞国（今山西平陆境内）。后世子孙虽姓虞，但与江南吴氏属于同宗。

源于少数民族改姓

在我们湘西苗族，吴是一大姓。而且，苗族吴氏人才辈出，我就是明代学者王阳明的得意门生吴鹤。

我们是蒙古族的古老部落吴兰苏和氏，后来改汉姓吴。其他如鄂伦春族、赫哲族等也有不少改吴姓的。

我们家的名人簿

战国

吴起：著名军事家、改革家，兵家代表人物。他为鲁国、魏国和楚国打过仗，身先士卒，战功卓著。在楚国时，他曾主持"吴起变法"，壮大了楚国实力。

唐

吴道子：杰出画家，被尊为"画圣"。他年少时曾随张旭、贺知章学习书法，后来改学绘画，通过观赏舞剑而体会用笔之道，画得越来越精妙。有一次，他奉唐玄宗之命到江陵写生，但他一路只观赏风景并未作画，而是将风景记在脑中。回宫后，他凭着记忆，一天便画出江陵地区的三百里旖旎风光，令玄宗大加赞赏。吴道子擅长画佛道、人物，尤其是他的壁画对后世有着深远的影响。他笔下的人物，其衣袖、飘带随性飘逸，好像迎风起舞，人称"吴带当风"。

宋

吴文英：南宋词人，格律词派的代表。他一生作了几百首词，词风雅致柔婉，多怀旧、伤时、悼亡之作，被称为"词中李商隐"。有《梦窗词》遗世，存词作30余首。

明清

吴承恩：著名小说家。他年少聪颖，喜欢读一些野史和志怪小说，一生做官不顺利，后来辞官专门著书立说。据说，他花了7年时间，完成《西游记》的创作。这部家喻户晓的神魔小说，后来被翻译成多种文字，流传海外。

吴敬梓：杰出小说家。他因亲眼见到官场的黑暗而拒绝做官，所创作的《儒林外史》深刻嘲讽和批判了科举制度，是我国讽刺小说的巅峰之作。著名的"范进中举"，就是出自这部小说。

我们家的丰功伟绩

不惧贪泉之水

东晋时期，我们家族出了一位非常廉洁的官员，他叫吴隐之。

吴隐之年轻时博学多才，并且以孝顺父母、友爱兄弟闻名乡里。相传，他父母去世后，他哭得非常哀伤，不仅感动了路人，还感动了一对鹤，双双在他父母墓前哀鸣。

吴隐之做官后，非常廉洁。全家依旧穿着粗布衣服，且出门从不坐车。他的夫人不仅亲自织布，还亲自到集市上买柴背回家。就连女儿出嫁，都要靠卖狗来准备宴席。

后来，吴隐之被派到广州做刺史。而当地有一处泉水，名"贪泉"。据说，那些当地的官员，即使再廉洁，只要喝了这贪泉的水，就会变得贪得无厌，控制不住地想贪污钱财。而且，他们还会为自己辩解说："不是我想贪，是口渴喝了贪泉水，控制不了自己啊！"吴隐之到了这里后，不信这套迷信，他特意来到贪泉处，咕咚咕咚喝下贪泉水，然后说："假如让伯夷和叔齐（上古时期的大贤人）来喝这贪泉水，绝不会更改廉洁之心。"以此证明那些说喝了贪泉水的人，不过是心里的贪念作祟罢了。果然，吴隐之即使饮了贪泉水，也没有变得贪婪，而是一如既往的清廉。他也因此受到世人的嘉奖和爱戴。

汉字演变

金文 篆文 隶书 楷书

你不知道的姓氏趣闻

东夷族首领伯益曾帮助大禹治水，立下汗马功劳，他的儿子若木因此被封在徐城（今安徽泗洪县），建立了徐国。徐国历经了夏、商、周三个朝代，到周穆王时，徐国国君徐偃王举兵造反，但后来徐偃王不忍将士流血牺牲，便弃国出逃。周穆王因徐偃王深得民心，继续将他的儿子封在徐国。后来，徐国灭亡，子孙便改徐为姓了。

🔊 汉字解读

徐，"安行也"，表示一个人慢步走、从容缓行，也有缓慢、从容的意思。在甲骨文中右边的"余"，最初表示搭在树上的简易茅屋，表示祖先曾经在树上筑巢而居。

> 这是我的领地，也许以后子孙的姓会因这座城而改变。

我们是这么来的

源于嬴姓

> 我是伯益，作为东夷族的首领，因治水有功得姓嬴。

> 我叫若木，父亲伯益留下14支后裔，称"嬴姓十四氏"，而我被封在徐城，就成为徐姓的始祖了。

我是若木后裔徐国国君徐偃王,曾打算推翻周王室,但后来怕将士们流血牺牲,便主动放弃了。我的子孙继续管理徐国,后来以国名为姓,发展为徐氏正宗。

源于殷商遗民

我是鲁国第一代国君,周公旦的儿子伯禽。周成王将商朝的6支遗民交给我带到鲁国管理,其中便有徐氏,他们渐渐发展为徐氏的一支。

源于改姓

我生活在五代十国时期,姓李,名升。后来改姓徐,我的后代也就以徐为姓了。

我们属于南京徐氏,本是宋朝秦桧的后代,因为他是被人唾骂的奸臣,我们感到十分羞愧,就改姓了徐。

我们家的名人簿

汉

徐庶： 汉末谋士。他原在刘备帐下，还向刘备推荐了诸葛亮。后来，曹操绑架了他的母亲，他不得已才投奔了曹操。"身在曹营心在汉"，讲的就是徐庶。

徐干： 汉末文学家，"建安七子"之一。当时，朝政腐败，天下大乱，徐干专心治学，即使生活清贫，也坚决不入官场。在文学上，他以诗、辞赋和政论著称，代表作有《中论》《答刘桢》等。

明

徐达： 明朝开国将领。他自幼练习武艺，有一身好功夫，和朱元璋是从小玩到大的好朋友。朱元璋在家乡招募士兵，参加起义的时候，他就追随在朱元璋左右，开始了戎马生涯。徐达有勇有谋，在一路征战中，他率军消灭了陈友谅、张士诚等重要割据势力，为朱元璋平定天下扫清了障碍。之后，他又率领大军北上，攻入元朝都城，推翻了元朝统治。明朝建立后，朱元璋将他列为开国第一功臣，赞他为明朝的"万里长城"。

徐渭：文学家、书画家和戏剧家。徐渭一生多才多艺，作诗追求真情实感，书法擅长狂草，而他的泼墨写意画，更是自成一派，他还创作了一部戏剧理论专著和杂剧集《四声猿》。

徐光启：科学家、政治家。他与意大利传教士利玛窦共同翻译完成了《几何原本》，其中"平行线""三角形"等数学术语，都是他命名的。此外，他在天文和农学方面都做出了重要贡献。

我们家的丰功伟绩

一代"背包客"，记录壮美山河

汉字演变：徐（篆文）徐（隶书）徐（楷书）

明朝时，我们徐氏家族出了一位热爱旅行的奇人，写下了一部非常有名的地理著作。可以说，他是一位伟大的"背包客"。他就是徐霞客。

徐霞客出生于一个富裕的家庭，祖辈都是读书人，他从小就博览群书，尤其喜欢读地理方面的书籍。年少的时候，他就立下了要游历天下的旅行大志。

22岁的时候，他便带着简单的行李，离开家乡，开始了他的旅行。他先是游览了太湖、泰山等地，又游览了黄山、嵩山、五台山等名山大川。游览的地方多了，徐霞客便开始写游记，将自己游览过的山川美景、风土人情等都记录下来。不管有多么累，他都坚持记录。

就这样，他用了30多年的时间，足迹踏遍大江南北，几乎走了大半个中国，其间几次遭遇生命危险，尝尽了旅途的艰辛。但他始终坚持，从一个朝气蓬勃的青年走成了白发苍苍的老翁。随着游历的结束，一部伟大的地理著作——《徐霞客游记》也诞生了。

这部游记书写了祖国山川的壮美，更抒发了他对山川大河的热爱。据专家考证，这是我国第一部详细记录地理环境的游记，徐霞客也因此被世人尊称为"游圣"。

孙

你不知道的姓氏趣闻

春秋时期，楚国有一位总揽军政大权的高官叫孙书敖。他曾主持治水，兴修水利工程，造福百姓，还辅佐楚庄王成为春秋五霸之一。孙叔敖出身楚国贵族，本姓芈，名敖，字孙叔。那时候，人们习惯把字放在名前面，所以称呼他孙叔敖。他的子孙以他为荣，其中一部分就以他的字为姓，改姓了孙，成为孙姓中的一支。

> 祖父对国有功，我们子孙都引以为傲，为了纪念他我们都改姓"孙"吧！

汉字解读

孙，繁体字由"子"和"系"构成，"系"表示连接、继承，所以"孙"的本义为儿子的儿子，也泛指后代。另外，孙在古代通"逊"，有恭顺的意思。

我们是这么来的

源于子姓

比干

我是商纣王的叔父比干，本姓子，因直谏被纣王杀害。子孙为了避难，有的改为王姓，有的改为孙姓。

源于姬姓

我是卫国国君姬和，周文王九世孙，因攻灭西戎有功，得封卫武公。

我是卫武公的儿子、卫庄公的弟弟惠孙，有一个了不起的孙子叫姬乙，字武仲。

我的祖父名惠孙。为了纪念祖父，我将姓氏改为孙，后世人也叫我"孙乙"。子孙世代居住在汲郡（今河南卫辉市西南），成为孙姓中重要的一支。

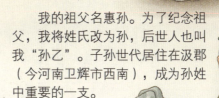

源于妫姓

我是陈完后裔田书，因功被齐景公赐封地乐安（今山东博兴县），并得赐姓孙。后世人也叫我"孙书"，子孙也成为孙氏重要的一支。

我是陈国公子陈完，也是舜帝的后裔，祖先姓姚和妫。陈国灭亡后，我逃到齐国，改姓了田。

源于芈姓

我是楚国贵族之后，本姓芈，孙叔是我的字。我主持修建了芍陂，这是重要的水利工程，古称"天下第一塘"。我的子孙以我的字为姓。

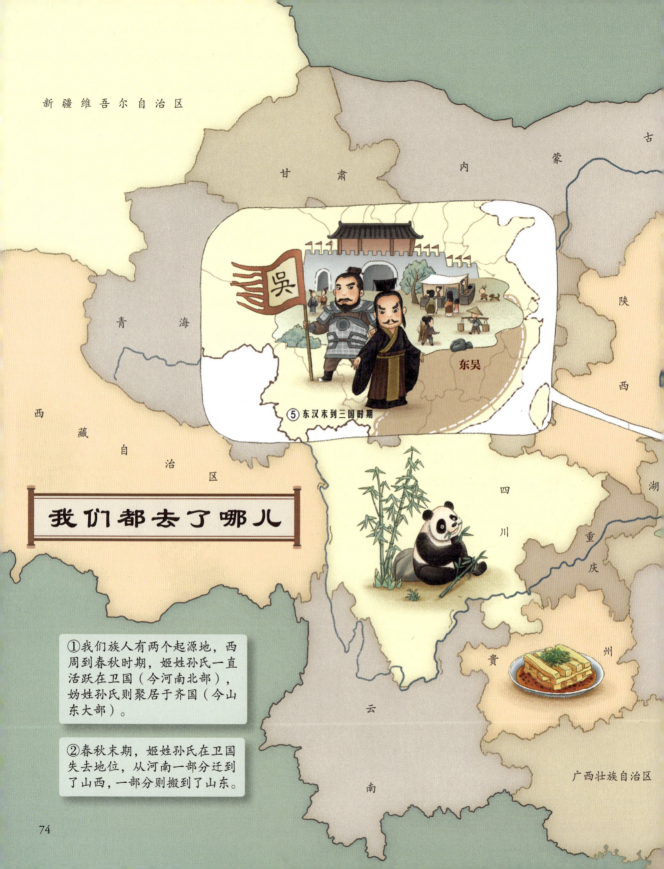

我们家的名人簿

战国

孙膑：军事家。他曾与庞涓共同学习兵法，庞涓嫉妒他的才学，将他骗到魏国，挖了他的膝盖骨。后来，孙膑去了齐国，以"围魏救赵"的战法，两次击败魏将庞涓，迫使庞涓自杀，大伤了魏国元气。

汉末三国

孙权：三国时期东吴的建立者。哥哥孙策去世后，孙权继任为东吴掌舵人。他联合刘备击败曹操，又收服各江东势力，扩大了版图。后来称帝，正式建立吴国，使吴与蜀、魏形成三足鼎立的局面。

东晋

孙康：晋代名人。他年幼时就非常爱学习，因为家里穷，买不起灯油，到了晚上，他就没办法读书了。尤其冬天的漫长夜晚，只能白白浪费掉，他感觉非常可惜。一天晚上，孙康从睡梦中醒来，发现窗外有了白光，原来是下了一场大雪。他推开门，看着一片白茫茫的天地，忽然心中一动："如果映着雪光，是不是能看书呢？"他急忙拿过书来一看，果然能看清字迹。他高兴地穿好衣服，在雪地里看起书来，全然不顾寒冷。凭着这样的刻苦学习，他终于成为一个有学问的人。这就是有名的"映雪"故事。

隋唐

孙思邈：医药学家。他医术非常高，一生热心为人治病，认真研究药物、药方，以毕生精力著成了《千金要方》和《千金翼方》，为后世留下了宝贵的医学百科全书，被尊称为"药王"。

近代

孙中山：近代民主革命家，也是中华民国的第一任临时大总统。他领导发动了辛亥革命，推翻了清政府，结束了我国两千多年的封建帝制。他一生倡导民主，为改造中国献出毕生精力，被尊为"中国革命的先行者"。

我们家的丰功伟绩

著兵学圣典，成兵家鼻祖

春秋时期，我们孙氏家族出了一位非常厉害的军事大家，被奉为兵家鼻祖，他就是孙武。

孙武是齐国人，他的祖父便是妫姓孙氏的得姓始祖——田书（孙书）。田书因为讨伐莒（jǔ）国有功，被封在乐安，并得了赐姓孙。到了孙武这一代时，齐国发生内乱，孙武便去了南方的吴国。他年轻时读了大量兵书，到了吴国后，又潜心研究兵法，于是著成了兵法十三篇（即《孙子兵法》）。

吴王看了他的兵法，赞叹不已，当下交给他一批宫女，让他演练。孙武严令必行，很快就将散漫的宫女们训练成一支严整的女兵队伍。他的治军才能，真是令人折服。不久，他便指挥吴国军队与楚国作战，将自己的兵法思想运用于战场，打了好几个大胜仗，一直打到楚国的国都城下，几乎灭亡了楚国，创造了以少胜多的奇迹。

"知己知彼，百战不殆""兵贵胜，不贵久""不战而屈人之兵"……这些都是他兵法中的思想精华。他的兵法十三篇内容博大精深，是世界上最早的军事著作，被誉为"兵学圣典"。孙武在兵坛上的地位，至今没有人能够超越。即便如今，《孙子兵法》也被翻译成各种语言出版，走向世界。

汉字演变
孙 甲骨文 | 孙 金文 | 孙 篆书 | 孙 隶书 | 孙 楷书

即使是手无缚鸡之力的女子，我也能训练成战士。

这将军也太可怕了，不听话就要杀头啊。

你不知道的姓氏趣闻

据考证，我们朱姓，最早来源于一种树木。它叫赤心木，是一种树心为红色的松柏。在远古时期，有一个古老的朱氏族，他们就崇拜这种赤心木。他们的首领称朱襄氏，传说后来成为炎帝，带领大家一直生活在今河南柘城一带。再后来，子孙便以氏族名为姓了。据说，舜帝时期，有一位名叫朱虎的大臣，就是朱氏族的后代。

汉字解读

朱，本义是赤心木，一种树木的代称。《山海经》中记载，岭南地区有一种树木连枝干都是红色的，人们叫它朱木。后来，"朱"就专指红色了。

我们是这么来的

源于朱氏族

我是远古朱族的首领朱襄氏，我们部落以赤心木为图腾，大家把它当作祖先和保护神，后世子孙以朱为姓。

我是朱氏族的后代，舜帝时期的大臣朱虎，负责辅助管理山林里的草木和鸟兽。

源于曹姓

我是古曹国的后裔曹挟,商朝旧臣。武王灭商后,将我封到邾地(今山东邹城市),我在那里建立了邾国。

战国时期,我们邾国不幸被楚国所灭。为了纪念邾国,我们将"邾"改为朱,当作自己的姓氏,并渐渐发展为朱氏最主要的一支。

源于子姓

我是微子启,本姓子,是商纣王的哥哥,商朝灭亡后,我被武王封在河南商丘一带,建立了宋国。

我是微子启的后裔,宋国正牌王室子孙,人称公子朱。我去世后,子孙便以朱为姓了。

源于伊祁姓

我是尧的儿子丹朱,本姓伊祁,曾与舜争夺天下。失败后,我的一支子孙迁往今湖南境内,改姓了朱。唐朝时,他们在当地形成朱氏的一个重要支派。

另外,还有不少兄弟民族改姓朱的,在明朝时也有得赐姓朱的。

我们家的名人簿

战国

朱亥：魏国勇士。他起初是一名屠夫，后来做了魏国公子信陵君的门客。秦国攻打赵国时，他助信陵君救赵国、存魏国，立下了汗马功劳。他在出使秦国时，被秦王扣留，自己断喉而亡。

唐末五代

朱温：五代时期梁朝的第一位皇帝。他因镇压黄巢起义，发展了自己的势力，后来废掉唐哀帝，自己登上帝位，建立了大梁。

宋朝

朱熹：理学家，儒家的大学者，被尊称为朱子。他19岁就中了进士，做过大小不少官职，还曾为皇帝讲过学。但他一生的重要成就不在官场，而是创办书院、讲学授徒、传播思想。他曾自己出钱出力重建白鹿洞书院，还曾到处讲学授业，一生弟子众多。他认为"理"是世界的本质、万物的本源。他的学说与北宋学者程颢、程颐的思想合称为"程朱理学"，影响了后来的元、明、清三朝，并成为三朝的"官方哲学"。他的《四书章句集注》是儒家经典著作，也成为后世科举考试的教科书。

元朝

朱丹溪：著名医学家。他的医术很高，善用滋阴降火的方药，创立了"滋阴派"。他给人看病，常常是药到病除，不需复诊，人称"朱一贴"。著有《丹溪心法》《金匮钩玄》等医书。

明朝

朱元璋：明朝开国皇帝。他出身贫困，小时候给地主放过牛，做过和尚，还当过乞丐。但他是个有勇有谋的人，后来参加了红巾军起义，迅速发展了自己的势力，最终推翻元朝，在南京建立了大明王朝。

我们家的丰功伟绩

不畏强权，折断皇帝的门槛

汉朝时，有一个大权臣叫张禹，他不仅是皇帝的老师，还官居丞相，封了侯。张禹权倾一时，谁都不敢惹，做了坏事也没人敢说。但这样一个大人物，却被一个小官参了。参他的人就是我们朱氏家族的朱云，当时，他只是一个小小的县令。

有一次，朱云求见皇帝（汉成帝），当着许多大臣的面列举张禹的罪状，说他位居高位，却不做利国利民的事，像这种人应该杀掉。汉成帝一听大怒，心想：一个小官竟敢毁谤朝廷重臣，还公然辱骂皇帝的老师，简直不知死活，便想命人立即将朱云拖出去斩了。侍卫们上来便要将朱云拖走，而朱云却死死抓住大殿的门槛，完全不顾自己的性命，高喊道："臣死不足惜，但陛下您却要担上擅杀直谏的小小县令的恶名吗？您一定要杀了张禹，不能让他祸国殃民啊……"

汉成帝更加恼火，侍卫们很害怕，要强行将他拖走，但朱云仍死抓着门槛不放，最后竟把门槛都折断了。一旁的大臣见状，急忙上来求情。汉成帝的怒火才稍微降了下去，他见朱云实在是个忠臣，想了想，便免了他的死罪。而大殿的门槛被掰断了，总得换新的吧，没想到汉成帝只叫原样修复，不换新的，以表彰朱云冒死直谏的精神。

朱云折槛的故事就这样流传了出去，朱家也由此有了一个堂号，叫"折槛堂"。

文图编辑：张　艳

文字撰写：杨玉萍

装帧设计：ABOOK·蜀黍

美术编辑：玉琳儿

图片绘制：刘宁、田颖

编者说明

　　中国姓氏文化源远流长，姓氏起源可追溯到远古氏族时代，随着历史的发展和社会的进步，姓氏也随之丰富、庞杂。

　　本书收录了最常见的52个姓氏，"百家姓排名"均按照流传最为广泛的宋版《百家姓》中的顺序；"全国姓氏排名"编写时间早于出版时间，如果出版后有所变化，望读者见谅。

　　另外，本书所写姓氏属性、姓氏起源及姓氏迁徙等内容由于史书记载不一，各家之说众多，我们参考了权威专家出版的书籍，采纳最为普遍认同的观点进行编写，所写内容有疏漏和失当之处，望读者批评指导。

我们的百家姓

有故事的地图
YOU GUSHI DE DITU

2

WoMen De BaiJiaXing

尚青云简 编著

北京理工大学出版社
BEIJING INSTITUTE OF TECHNOLOGY PRESS

版权专有 侵权必究

图书在版编目（CIP）数据

有故事的地图：我们的百家姓：全4册 / 尚青云简编著. —北京：北京理工大学出版社，2021.6
　　ISBN 978－7－5682－9664－9

Ⅰ. ①有… Ⅱ. ①尚… Ⅲ. ①姓氏－中国－通俗读物 Ⅳ. ①K820.9-49

中国版本图书馆 CIP 数据核字（2021）第 058154 号

有故事的地图：我们的百家姓

出版发行 /	北京理工大学出版社有限责任公司
社　　　址 /	北京市海淀区中关村南大街5号
邮　　　编 /	100081
电　　　话 /	（010）68914775（总编室）
	（010）82562903（教材售后服务热线）
	（010）68948351（其他图书服务热线）
网　　　址 /	http://www.bitpress.com.cn
经　　　销 /	全国各地新华书店
印　　　刷 /	北京尚唐印刷包装有限公司
开　　　本 /	787毫米×1092毫米　1/12
印　　　张 /	28
字　　　数 /	464千字
版　　　次 /	2021年6月第1版　2021年6月第1次印刷
审 图 号 /	GS（2020）5808号
定　　　价 /	156.00元（全4册）

责任编辑 /	田家珍
文案编辑 /	田家珍
责任校对 /	周瑞红
责任印制 /	李志强

图书出现印装质量问题，请拨打售后服务热线，本社负责调换。

目录

胡 ……6	
高 ……12	梁 ……48
林 ……18	宋 ……54
何 ……24	郑 ……60
郭 ……30	谢 ……66
马 ……36	韩 ……72
罗 ……42	唐 ……78

我们是这么来的
我们都去了哪儿
我们家的名人簿
我们家的丰功伟绩

我们姓氏的来源

潘大陆

潘　　河

我们以出生地和居住地为姓

远古时期,老祖宗给自己起姓氏是非常随意的,一般住在河边就以河名为姓,生在山脚就以山名为姓。好比我姓潘,显而易见,我的祖先就曾住在潘河边了。

我们以封国名或封地名为姓

周武王

我建立周朝以后,为了巩固我大周朝,就大搞分封一事,把王室子孙、有功之臣或者前朝的遗老遗少都分到各地做诸侯。其实,以前夏朝和商朝也这么做过。没想到,这一分封,促进了姓氏的发展。

陈国国君

我是被武王封到陈国的诸侯,后来我的子孙中就有了陈姓。像我的后代这样,以封国名、封地名为姓的,可大有人在。

我们以官职名为姓

张姓子孙

我们张姓是个大姓,据说老祖宗曾是黄帝时期的官弓正,也就是制造弓箭、掌管军备的官,后来他的子孙就以他的官名为姓,取"弓长"之意,姓张了。在远古时代乃至秦汉时期,像我们这样以祖先官名为姓的人,也不在少数。

卢姓子孙

我的曾爷爷是汉代的官吏,专门负责酿酒,人称卢令丞。卢令丞可不是他的名,而是他的官名。我们就以他的官名为姓,改姓了卢。

我们以祖先的字或名为姓

我们古人可是很重视先祖的,为了表达对某位先祖的尊敬和怀念,就常以他的名或者字为姓。我们家族的老祖宗是周平王的儿子,正牌王室,林开是他的名,后来我们就以他的名字林为姓。

林姓子孙

贾姓子孙

我的祖辈是有名的大商贾(gǔ),简单来说就是商人,现在商业里的富豪,贾就是行商的意思。所以,我们子孙以"贾"为姓,作为姓氏读(jiǎ)。

我们以职业为姓

古时候,像我们这种手艺人,以从事的营生为姓,可是很常见的事。我的祖辈都是制陶器的,所以我们就姓陶了。

陶姓子孙

赐姓或改姓

我是皇帝,我就喜欢给臣子们赐姓,以表示皇恩浩荡。来,爱卿,给你赐个姓,以后就姓"李"吧。

皇帝

赐姓李

谢主隆恩!

鲜卑族

我们本是鲜卑族,因为魏孝文帝推行汉化改革,我们不得不抛弃老祖宗给的姓氏,改了汉姓。

我本是前朝重臣的子孙,想当初也是家族显赫。可惜,前朝亡了,我们家族为了避祸,只能逃难了。我们也就改成了现在的姓氏。

陆姓子孙

你不知道的姓氏趣闻

我们胡姓和陈姓都来自同一个老祖宗。他就是舜帝的后裔妫满，他被周武王封到了陈国，死后谥号为胡公，人称胡公满。后世子孙就有了陈姓和胡姓。陈国灭亡后，公子陈完逃到齐国，改姓了田，他的子孙后来还成了齐国的国君。所以胡姓和一部分田姓也是同宗。

我们本来都姓妫，以后我姓胡，你姓陈吧。

🔊 汉字解读

"胡"有三个意思：一是在古代指北方和西方的少数民族，以及外来的相关事物，如胡人、胡琴等；二是胡乱、无道理的意思；三是表示下巴上的毛发。

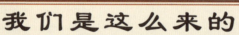

我们是这么来的

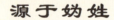

源于妫姓

我是上古部落联盟首领舜，本姓姚，因为被派到妫水去完成任务，在那儿生活过一阵儿，一部分子孙改姓了妫。说起来，我可是胡姓、陈姓以及田姓的老祖宗。

我是舜的后代，陈国（今河南淮阳）第一代国君，人们也叫我胡公满。后来一部分子孙就改姓了胡，成为胡姓的正宗。

我是齐宣王的弟弟田婴，也是胡公满的后裔，因为被封在了毋仰（今山东东平），子孙便改称胡毋氏，后来改姓胡母，再后来就简化姓胡了。

··· 源于归姓 ···

我们是归姓胡国子民，出自上古归夷族，生活在今安徽阜阳一带。我们历经商、周两个朝代，后来一部分子孙也姓了胡。

··· 源于姬姓 ···

我是周武王，为了保护我大周王室，我和我的子孙封了许多诸侯国。其中有两个胡国，他们的后代中就有改姓胡的。

我们是姬姓胡国公族，属周王室后裔，生活在今河南郾城一代，春秋时期，不幸被郑国所灭，子孙就改胡为姓了。

··· 源于官名 ···

我是周朝时期的官，专门管理天子、诸侯等的饮食，称胡史，子孙便有以我的官职名为姓的。

我是汉朝军中的胡骑校尉，专门掌管"胡人"，后来慢慢以军职名为姓了。

我们家的名人簿

胡广

战国
胡衍：卫国义士。有一年秦军要攻打卫国蒲城，蒲城长官向胡衍求救。胡衍靠一张巧嘴，向秦军将领说明其中利害关系，迫使对方退兵，从而化解了蒲城之围，他也因此名扬天下。

汉
胡广：东汉名臣、学者。他年少时聪明好学，又尊敬长辈，以德行闻名乡里。后来，他由地方官府推荐入了官场。他著有一本《百官箴》，是研究汉朝官吏制度的宝贵资料。

魏晋
胡奋：魏晋将领。他出身安定胡氏，年少时就很有谋略，以平民的身份进入军中，跟随司马懿东征西讨。先后平定诸葛诞叛乱和匈奴刘猛叛乱，立下了赫赫战功。

唐
胡令能：著名诗人。他的诗语言浅显而构思精巧，富有生活情趣，代表作有《小儿垂钓》。

明
胡宗宪：著名抗倭大臣。明朝末年，日本倭寇在东南沿海横行，胡宗宪领导戚继光、俞大猷等名将，训练兵马，建立沿海防御系统，攻打倭寇，最终取得抗倭斗争的巨大胜利。

胡雪岩

现代
胡适：思想家、文学家和哲学家。他倡导写白话文，领导了新文化运动，曾担任过北京大学校长。他主张做学问要循序渐进，提倡"大胆假设，小心求证"，著作有《中国哲学史大纲》《白话文学史》《胡适文存》等。

我们家的丰功伟绩

抛下皇姓，创明经胡氏

我们胡氏家族，有一位大名鼎鼎的人叫胡昌翼。他是由李姓改为胡姓的人，李姓是唐朝的国姓，没错，他本人就是如假包换的唐皇室后裔。

唐朝末年，国势越来越衰落，朝政被军阀朱温控制。朱温这个人，非常暴虐，特别爱杀人，而且也早有了自立为王的野心。唐朝皇帝昭宗被他逼到了洛阳，料到早晚会被他杀害，于是就把刚出生的儿子托付给一个叫胡三公的人，让他带出皇宫。果然不出所料，不久，昭宗和他的9个儿子都被朱温杀了。所幸最小的儿子被胡三公带到了家乡徽州婺源，并帮他改姓胡，取名胡昌翼。胡昌翼从小就很聪明，在家乡很有名，长大后考上了明经科的进士，后来被尊称为明经公。

他考上进士后，养父胡三公才将他的真实身份告诉了他。为了感谢养父的救护和养育之恩，胡昌翼并没有改回原来的皇姓李，而是继续姓胡。因为身世的原因，他不想再做官，而是回到家乡隐居，开设书院，专心教授学生。为了乡里人外出方便，他还自己出钱伐木修了一座桥，后来，乡里人知道了他的身份，因此管他修的桥叫"太子桥"。胡昌翼的子孙在当地发展成为著名的明经胡氏，近代商人胡雪岩、大学者胡适等都是出自他们这一脉。

你不知道的姓氏趣闻

高字，在字形上，跟重重叠叠的楼阁很相似，而我们高姓始祖高元，还真跟房屋有关系。他是黄帝时期的大臣，相传是第一个建造房屋的人。那时候，人们还住在洞穴里或树巢上，越来越多的人没地方住。高元钻研了很久，最后才造出土木结构的房子，供人们居住。从此，人们就走出了洞穴。而高元的后代，就以高为姓了。

看我造的房屋，跟我的姓多像啊。

🔊 汉字解读

"高"字，从字形上看，就像一座高高的楼阁，上面是尖顶，中间是城楼，下面还有一个城门。所以，它的本义就是"高"，与"低"相对。还引申为高尚、高超等含义。

我们是这么来的

源于大臣高元

我是黄帝时期的大臣高元，河南先民之一。我费了很大劲儿，才造出房子，让人们有了更稳固、更温暖的地方住。我的子孙就是最早的一支高姓族人，在河南新郑一带生活。

··· 源于姜姓 ···

我是炎帝神农氏，因为出生在姜水旁，就以姜为姓。我有一个很有名的后代叫姜子牙，他的子孙有的改姓了高，所以我也是高姓的老祖宗。

我是炎帝后裔姜子牙，曾辅佐周武王灭了商朝，被封在齐国（今山东东北部），子孙中有两支改姓了高。

我是姜太公的后裔高傒，齐国正牌公族，祖父被封在高邑，称公子高。我便以祖父名为姓了，子孙成为高姓中最重要的一支。

我是齐惠公的儿子，也是姜太公的后裔，称公子祁。因为我字子高，后世子孙就以我的字为姓，并发展为山东高氏。

··· 源于赐姓或改姓 ···

我们都是鲜卑族，因为拥护北齐政权，被北齐皇帝高洋赐了高姓。此外，历史上像我们这样改姓高的鲜卑人、满族人还有很多。

我是唐玄宗身边最有权势的宦官高力士，本来姓冯，改姓了高，我的一些养子也都姓高了。

我们家的名人簿

战国

高渐离：燕国音乐家。他擅长击筑（一种像筝的乐器），可以说是战国时期第一击筑高手。他有个好朋友叫荆轲，是一位有名的侠士。荆轲刺杀秦王失败后，燕国也很快灭亡了。高渐离因为善击筑而远近闻名，连秦始皇都知道他的名声，就把他召进咸阳宫中，要听他的筑声。为了防备他刺杀，秦始皇让人先弄瞎了他的眼睛，才让他演奏。高渐离表面上顺从秦始皇，可心里却暗下决心刺杀他。他在筑里灌了铅，趁秦始皇听得入迷时，突然将筑砸向他，想把秦始皇砸死。可惜他也失败了，但他的勇气一直被后人所称道。

唐

高适：著名诗人，以写边塞诗而闻名。他的诗，气势奔放，洋溢着奋发进取、蓬勃向上的精神，代表作有《别董大》。与同时代的岑参、王昌龄、王之涣并称为"边塞四诗人"。

宋

高怀德：北宋开国功臣。从后晋开始，他就随军打仗，成为一名勇将。后周时，他跟随周世宗征讨南唐，仅带着几十名亲信骑兵，就破了南唐军营。后来，他在陈桥驿和其他将领拥立赵匡胤称帝，建立了北宋。

元

高则诚：戏曲家，号菜根道人。他出身于书香门第，年少时就很博学。在做了十来年父母官后，他辞官归隐，专心写作。他创作的《琵琶记》，一经问世就广受欢迎，是元代剧坛中的经典著作。

南北朝

高欢：东魏的建立者和实际掌权人。在他的操控下，北魏分裂为东魏和西魏。他控制了东魏，而宇文泰控制了西魏。十几年后，他的儿子高洋建立了北齐政权。

明

高拱：明朝重臣。他做辅政大臣期间，对内富国强兵，振兴了朝政；对外一力主张与蒙古修好，结束了明朝与蒙古各部长达两百多年的战争局面，促进了国泰民安。

隋

高颎：隋朝名相。隋文帝杨坚建立隋朝后，他就成为文帝的左膀右臂，不仅善于处理政务，还善于领兵打仗，曾指挥隋军消灭陈国，完成了全国南北统一。

我们家的丰功伟绩

一代传奇兰陵王

高欢是东魏政权的实际掌权人。后来，他的儿子高洋在他开拓的基础上，建立了北齐政权。高欢的几个儿子都相继做过北齐皇帝，不过不是暴虐，就是放纵享乐。

高欢却有一个名叫高长恭的孙子，成就了一代传奇，深受后人的爱戴与敬仰。高长恭被封为兰陵王，是护卫北齐的名将。他作战勇猛无敌，简直就是战斗力爆表。有一次，北周军队包围了北齐的金墉城，他率领五百骑兵就突破了周军的包围圈，解了金墉之围。北齐军威大振，他也因此享有威名，士兵们为了讴歌他，特意作了《兰陵王入阵曲》，名扬天下。

高长恭不仅作战勇猛，性格也温良敦厚，对士兵体贴照顾，对国家忠心耿耿。据说，他长得特别美，美过漂亮的女子。为了不影响自己作战，每次上阵杀敌，他都戴上一个青面獠牙的面具，以震慑敌军。因为这个面具，他在战场上更多了一分传奇色彩。

后来，他遭到猜忌，被北齐皇帝赐死，年仅33岁。他死后，北齐也很快灭亡了。

你不知道的姓氏趣闻

我们林姓的起源，与商朝忠臣比干有着重要的关系。比干因为多次劝谏纣王，而被残暴的纣王剖了心。那时，他的夫人正怀着身孕，为了活命，她逃到一片树林里，生下了一个儿子，取名坚。后来，周武王灭了商朝，感念比干的忠心，便给他的儿子封地，又因他的这个儿子出生在树林里，所以赐姓林。从此，林坚就成为我们大部分林姓的始祖。

🔊 汉字解读

"林"字，本义是丛生的树木，表示树木很多。所以，"林"的意思就是众多的样子，还用来指汇集在一起的人或事物，比如书林、艺林等。

我们是这么来的

源于子姓

我是商王室（子姓）成员比干，对国家忠心耿耿，却被狠心的侄子（纣王）剜了心。我的子孙不少改了姓，其中一支便姓林。

我是比干的儿子，因为出生在树林里，得周武王赐姓林。我的封地在西河（黄河以西的河南境内），林姓子孙最早就在这一带生活。

源于姬姓

我是周武王的嫡系子孙,东周第一代君主周平王,自然姓姬,但儿孙有不少都改了其他姓。

我是周平王的儿子,姓姬,名林开。我的后代有的以我的名为姓,改姓了林,也成为林姓中重要的一支。

源于官名

我是西周官吏,林衡不是我的名字,而是我的官名。我主要负责植树造林。后来,我的子孙就以我的官名为姓,改姓林了。

源于改姓

我们是鲜卑族人,本姓丘林,因为魏孝文帝进行汉化改革,让我们改了汉姓林。像我们这样改姓的少数民族还有很多。

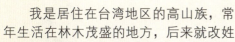

我是居住在台湾地区的高山族,常年生活在林木茂盛的地方,后来就改姓了林。

我是满族萨氏,和族人居住在东北白山黑水之间,后来我们改姓了林。

我们家的名人簿

春秋

林放：鲁国学者。据记载，他曾向孔子询问"礼之本"，得到孔子的赞赏。他一生都隐居在山林里，给当地的山民和进山的香客传授礼、乐、书等文化知识，受到世人景仰。

晋朝

林禄：东晋将领。他一生效忠晋王室，共辅佐了五位东晋皇帝，被称为"五朝元老"。同时，他又是林氏家族第一个进入福建的，是林姓开闽始祖。

宋

林逋：著名诗人。他一生淡泊名利不愿做官，而是隐居在西湖孤山里，种梅花、养仙鹤，世人称之为"梅妻鹤子"。他的诗清幽飘逸，代表作有《山园小梅》。

清

林则徐：清末名臣、禁烟民族英雄。他自进入官场后，就立志做一名正直为民的好官。为官数十年，林则徐在地方上兴修水利，治理黄河，提倡农耕，整顿吏治，做出了许多政绩。他最突出的成就就是虎门销烟。那时候，英法等国向中国输入了很多鸦片，不但赚走了中国大量的白银，还导致许多中国人吸食鸦片上瘾，贫病交加，社会动荡不安。林则徐首先在湖广地区发起禁烟运动，他派人明察暗访，强迫外国鸦片商人交出鸦片，并将这些鸦片集中在广东虎门的海滩上当众销毁，这次运动使中国人民取得了抗拒鸦片的巨大胜利。

近现代

林觉民：革命先烈，黄花岗七十二烈士之一。他早年接受民主革命思想，并投身于革命运动。1911年，他参加了广州起义，不幸被捕，英勇就义，后与其他烈士共葬于黄花岗。

林语堂：著名作家、学者、翻译家和语言学家。他早年留学欧美，回国后曾在清华大学、北京大学和厦门大学任教。他以英文写作扬名海外，著名小说《京华烟云》是他在巴黎时最初用英文创作的。

我们家的丰功伟绩

行医问卜，成海上神明

在我国东南沿海一带，信奉着一位海神，她就是妈祖。妈祖又称"天后"，或者"天妃"，是历代船工、海员和渔民的保护神。古时候，人们在海上航行，时不时就会遭到风浪袭击，很可能就船毁人亡。所以，他们在出海前，都要先拜一拜妈祖，祈求妈祖保佑平安。

可你知道吗？人们对妈祖的信仰是来源于真人真事，这个真人就是我们林氏家族一位杰出的女子——林默。林默是宋朝初期人，出生于福建莆田。传说，她出生时就与众不同，当时一颗耀眼的流星划过，照亮了他们当地的小岛，父母都认为她是个不平凡的人。

林默从小就喜欢占卜、算卦，而且算得特别准。人们在出海之前，常常来问她可不可以出海。她若说可以，人们就会放心出海；她说不行，就不能出海，因为有可能会遇到大风暴。不仅如此，她还学习了医术，经常给乡里人看病，引导大家防疫防灾。她的德行受到当地人尊重，名声也越来越大，人们甚至把她当作观世音的化身。但是，林默28岁就去世了，人们认为她是羽化飞升，做了神仙。因为有不少航海的人声称，经常能看到她穿着红色衣服在海上飞翔，救护那些海上遇难的人。到如今，妈祖信仰已经流传一千多年。据统计，现在信奉妈祖的人有三亿之多。

你不知道的姓氏趣闻

我们何姓的起源，是因韩姓的误读而来，却也跟姬姓有着关系。话说，周武王的小儿子叔虞被封在唐国，后来唐改国号为晋，晋国又被韩、赵、魏三家瓜分，此后就有了韩国、赵国、魏国。韩国王室依然是姬姓后人。秦灭六国后，韩国后裔逃到南方，以韩为姓，不知什么原因，韩被误读成何，从此，何姓便诞生了。

汉字解读

"何"字，从甲骨文字形上看，很像一个人扛着扁担，挑着重物前行。如今，它有两个意思：一是代词，指什么、为什么、哪里或者谁；二是副词，表示怎么、多么。

我们是这么来的

源于姬姓

我是晋国有名的大臣，也是晋国王室，姓姬，因为得封地韩原，人称韩武子，由此确立了韩氏。

我是韩武子的后裔韩康子，与赵家和魏家的领导人共同分了晋国，后来子孙又建立了韩国，成为诸侯。

源于改姓

我是韩国王室子孙何允,国家灭亡后,我和族人逃到了江淮一带,当地人将韩读成了何,我们索性隐姓埋名,改了何姓。

何允

历史上,因避难、改革、外族融合等原因改为何姓的有很多。

昭武九姓

我来自西域何国。汉朝时期,大月氏人在西域建立了一个康国,我们何国、米国、安国和曹国等九个小国都追随康国成为西域老大,称昭武九姓。到了唐朝,昭武九姓不少人到中原通商,我们何姓也是其中一支。

何苗

我是汉朝的官吏何苗,本来姓朱,后来改姓了何,子孙繁衍为何姓家族中的一支。

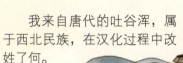

我来自唐代的吐谷浑,属于西北民族,在汉化过程中改姓了何。

吐谷浑

我是明朝著名的学者方孝孺,因为得罪了皇帝朱棣,全族被杀。侥幸逃脱的族人躲到安徽,改了何姓。

方孝孺

我们家的名人簿

东汉
何休：经学家，儒学大师。他精通儒学，对周易、算术、神学等也有研究，曾用十年时间，写了《春秋公羊传解诂》12卷，被奉为经学经典。

魏晋
何曾：西晋开国功臣。他起初为三国时期曹魏的中郎将，与司马懿的交情很好，在司马氏废魏建晋的过程中，起了重要的作用。西晋建立后，他做了太尉，封朗陵公，成为朝堂上一等一的大臣。

南北朝
何逊：南朝梁诗人。他年少聪慧，8岁就能写诗，20岁左右被举为秀才。他作诗很讲究韵律，擅长写景，也善于抒写离情别绪，代表作有《临行与故游夜别》。

近现代
何香凝：一位伟大的革命家，新中国的创始人之一，还是一位画家。她出生于香港一个茶商家庭，从小就有叛逆和反抗精神。那时候，女子都要裹脚，而她却想尽办法剪掉裹脚布，让自己的脚自然生长。长大后，她与丈夫廖仲恺到日本求学，结识了孙中山，追随他一起投身革命运动。他们夫妇多次参与起义，协助孙中山建立中华民国、讨伐袁世凯等。她还倡导女权运动，建立女工学校，为妇女的解放而斗争。此外，她一生酷爱绘画，从没停下画笔，她的《梅花》《高松图》等作品，在海内外都很知名。

我们家的丰功伟绩

傅粉何郎 天下第一白

我国的古代汉语中,有一个成语,叫"傅粉何郎"。这个成语讲的是谁呢?他就是我们何氏家族的一位美男子,叫何晏。何晏是三国时期魏国人,他原是汉末外戚大臣何进的孙子,因为父亲早逝,母亲带他改嫁了曹操,做了曹操的养子。曹操非常喜爱他,待他如亲生儿子一般。

何晏年少时就很有才名,成年后与当时的一批文人倡导玄学,清谈老庄,成为名噪一时的玄学家。但让何晏更出名的是他出众的外貌,他长得非常俊美,走在大街上,总能招来一大批姑娘的目光。而且他的皮肤简直白得发光,比一般女子的皮肤都还要细腻柔滑,脸好似擦了粉一样。他每次上朝,魏明帝都怀疑他是擦了粉,要不然,一个男人的脸怎么会那么白呢?为了搞清楚这个问题,在一个大热天,魏明帝搞了个恶作剧,特意让人把何晏叫到宫里,赏给他热汤面吃。因为天热汤也热,何晏不一会儿便吃得满头大汗。不得已,他只好用袖子擦脸。可是擦完汗后,他的脸非但没变黑,反而更白了。魏明帝这才相信,原来他没有擦粉,是真的白啊!

由此,人们用"傅粉何郎"来形容何晏,说他长得白。后来人们也用这个成语来形容其他美男子。当然,"天下第一白"的称号,非何晏莫属了。

你不知道的姓氏趣闻

"郭"字,在古代指城池的外城。比如"城郭"二字,城是内城,郭则是外城。例如长安城、北京城等,都有内城和外城之分。而我们郭姓家族,有一部分族人的姓还跟城郭有关系。古时候,普通的老百姓根本没有姓,他们有的住在城池的外郭,后来就以郭为姓。还有东郭、南郭、西门等姓氏,都是这样来的。

我们住在外城,就姓郭吧。

🔊 汉字解读

"郭",本义是城外加筑的围墙,指外城。后来,"郭"也泛指城市。另外,郭还用来指物体的外沿部分,比如耳郭,就是指外耳。

我们是这么来的

源于任姓

我是黄帝的子孙禺虢,领导着任氏族,生活在河北任丘一带。后来,我的后代在山东建立了虢国。

禺虢

我们虢国历经了夏、商、周三个朝代,在春秋时期被曹国所灭,子孙便以郭为姓了(古时,郭、虢二字通用)。我们这一支郭姓,有4000多年的历史。

虢国后裔

源于姬姓

周武王

西虢后裔

东周时期,我们西虢迁到山西与河南之间,分为南虢和北虢,后世子孙都改姓了郭。

我是周武王,周朝建立后,我将叔叔虢仲和虢叔,一个封在西虢(今陕西宝鸡一带),一个封在东虢(今河南荥阳一带),他们都是郭姓的主要起源。

源于各少数民族

虢序

郭金海

我是后晋将领郭金海,来自突厥族,生活在五代时期,因屡立战功,被赐汉姓郭,后世子孙也都融入了郭氏家族。

我是虢叔的后裔虢序,东周时期,我们东虢被晋国吞并,我的子孙在山西被封为郭公,后世也以郭为姓。

我们原是满族郭珲氏,生活在黑龙江流域,在汉化过程中,改为了郭姓。

我们属于回族中的郭姓,起源于福建泉州一带。先祖来自波斯,因为汉化需要,就改姓了郭。

满族

回族

我们家的名人簿

东汉
郭嘉：汉末谋士。他起初跟随袁绍，后来发现袁绍做不了大事，便投靠了曹操，做了军事参谋。他多次献计，帮曹操打赢官渡之战，统一了中国北方。

东晋
郭璞：文学家。他擅长写赋，并以游仙诗闻名，被奉为游仙诗的祖师。他曾为《楚辞》《周易》《尔雅》等古籍做过注解，与王隐共同撰修过《晋史》。

唐
郭子仪：唐代名将。唐玄宗时期，安禄山和他的部将史思明，先后起兵反唐，这就是历史上著名的"安史之乱"。一时间，天下战火纷飞，皇室逃出了都城，眼看唐朝面临覆灭的危险。这时，郭子仪表现出力挽狂澜的勇气和战斗力。他带领唐军出战，平定了叛乱。没过几年，吐蕃又联合回纥进犯长安，郭子仪再次领兵击退敌军，保护了长安，维护了关中的稳定。可以说，他是唐朝中期的中流砥柱，为唐王朝的存续保驾护航。

元
郭守敬：天文学家、数学家和水利专家。他参与编写的《授时历》，是当时世界上最先进的历法。为了纪念他，月球上有座环形山就是以他的名字命名的。水利方面，他开凿了通惠河，造福了后世百姓。

郭子兴：农民起义领袖。元朝末年，他举起反元大旗，成为红巾军的重要领袖。朱元璋就是在他的帐下得到栽培和历练，成为抗元将领。他病逝后，朱元璋继承了他的势力，最终建立大明王朝。

现代
郭沫若：文学家、历史学家，还是现代新诗的奠基人。他曾在日本学医，后来投身新文化运动。发表的第一本新诗集《女神》，奠定了中国新诗创作的基础。另外，他在历史学、考古学等方面也很有研究，还创作大量剧本，如《屈原》《棠棣之花》等。

郭子仪

我们家的丰功伟绩

黄金台上第一士

战国时期,燕国的燕昭王继位后,一心想招揽人才,好壮大自己的国家。但是,招揽人才的消息放出去很久,一直都没人来登门投靠,燕昭王为此闷闷不乐。

这时候,一位叫郭隗的大臣,给燕昭王讲了一个故事:从前,有一位国君,想花千两黄金买一匹千里马。他派人找了很久,终于找到一匹宝马。可手下人去买马的时候,马却死了。这个人便用五百两黄金将马骨买了回来。国君看了很生气,说:"我要的是活马,你把马骨头带回来算怎么回事呢?"这个人说:"您连马骨都舍得花五百两黄金买回来,这个消息若传出去,还愁找不到千里马吗?"果然不出所料,没过几天,就有人给国君送来了三匹千里马。

故事讲完了,郭隗继续对燕昭王说:"您要招揽人才,就从我开始吧。我没什么大本事,就像那马骨一样。如果天下人知道,像我这样的人都能受到您的重用,那些有才能的人一定会来投靠您。"燕昭王一听,觉得很有道理,便拜郭隗为老师,给他修了官殿,非常恭敬地对待他。为此,燕昭王还专门建了一座高高的台子,将千两黄金放在上面,以招揽天下的贤士,这座高台就是黄金台。这个消息传出去不久,就有不少贤才来投靠燕国,使燕国复兴起来。从此,黄金台名留史册,而黄金台上的第一位贤士,就是我们郭氏家族的郭隗了。

你不知道的姓氏趣闻

战国时期,赵国有块土地叫马服,在今天河北邯郸一带。有位大将叫赵奢,是赵国王族,作战勇猛,富有智谋。有一年,赵国跟秦国打仗,赵奢领兵打败了秦军。赵王就把马服这块地方赐给了赵奢,并封他为马服君。后来,他的子孙就改了马服为姓,再后来又简化为马姓。而赵奢,就是马姓的始祖了。

汉字解读

"马",本义是一匹神骏的奔马。在古代,马可以干农活,可以拉货物,可以上战场,发挥着重要作用。

我们是这么来的

源于嬴姓

我是上古东夷部落的首领伯益,姓嬴,赵姓和马姓都是从我的后代里发展而来的。

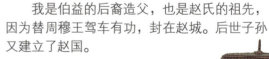

我是伯益的后裔造父,也是赵氏的祖先,因为替周穆王驾车有功,封在赵城。后世子孙又建立了赵国。

••• 源自官名 •••

我是西周时的官吏，官名称马质，负责征收马匹并检验它们是否合格。我的后代以我的官名为姓，开始姓马质，后来简化为马。

我叫赵奢，是造父的后裔，实际是嬴姓之后，因为打败秦军，被赵王封在了马服，称马服君。后世子孙为了纪念我，就改姓了马，成为最主要的马姓来源。

我是楚国专门给马治病的官，称巫马。子孙也以我的官名为姓，称巫马氏，后来简化为马。

我是春秋时期的官，专门负责饲养、训练马匹，官名称马瘦人。后世子孙也因我的官名跟马拉上关系，以马为姓了。

••• 源自改姓 •••

我是西汉有名的大官马宫，做过太师和大司徒，本姓马矢，后改为单姓马。后世子孙发展为马姓中重要的一支。

我们是满族中的马佳氏，后来改姓了马。此外，我们满族中，还有不少人姓马。

我们家的名人簿

东汉

马援：东汉名将,封伏波将军。他早年读书时,就志在四方,不愿将时光都用在读书作文上。王莽建立新朝后,搞得天下大乱,各地举起反莽的大旗,这时马援投靠了刘秀,为刘秀征战四方。他先是平定了隗嚣的势力,之后又扫平羌族作乱,北征乌桓,两次平定岭南,为东汉的统一立下汗马功劳。他是一位功勋卓著的开国功臣,大半生都在战场上度过,实现了自己"马革裹尸"的愿望。虽然身居高位,但马援对家中子弟教育却很严格,时常告诫他们不要背后议论别人,要选择正确的榜样等。

汉末魏晋

马超：刘备帐下五虎上将之一,也是马援的后人。在曹操占据关中地区时,他曾联兵抗曹。后来,他归顺刘备,帮刘备打下成都,平定西川,助刘备建立蜀汉,得封骠骑将军。

马钧：机械发明家。他自幼满脑子奇思妙想,发明了各种机械。有从低处向高处引水的水车、能连续发射石块的发石机、木偶戏机动装置,还改造了诸葛连弩,还原了指南车等。他也被称为"天下之名巧"。

唐

马周：唐太宗时宰相。最初,他只是一名武官的门客,但他谈论朝政得失,事事合乎时宜,得到唐太宗的欣赏,从而正式走进朝堂。他为官期间,多次向太宗进谏,得到重用,最终做到宰相一职。

元

马致远：戏剧家、散曲家,"元曲四大家"之一。他的《天净沙·秋思》,以凝练的语言,勾画了一个天涯游子思念故乡、飘零路上的画面,被誉为"秋思之祖"。他的杂剧《汉宫秋》,描写了昭君出塞的故事。

近现代

马本斋：抗日英雄,回族。抗日战争期间,他建立了一支回民支队,领导回民子弟兵在河北、山东一带抗击日本侵略者,取得了多次胜利,震慑了日军。

我们家的丰功伟绩

不喜"车水马龙"的太后

有一个成语,叫"车水马龙",指的是车如流水,马如游龙,形容热闹繁华的景象。创造这个成语的人,就是东汉明帝的皇后——马皇后,后来的马太后。

马太后,是伏波将军马援的小女儿。她自幼深受父亲的教导,勤俭能干,深明大义。不管是做皇后,还是做太后,她都坚持简朴的本色,从不干涉朝政,也不允许娘家人因为她的关系得到高官厚禄。

汉明帝刚去世时,新皇帝想要封赏太后的娘家人,给他们加官晋爵,但马太后却极力反对。因为先祖规定,外戚不能封侯。后来,有一年大旱,一些想巴结太后的大臣就说:"天降大旱,是因为没有封外戚马氏家族的缘故。"马太后对此赤裸裸的谄媚非常不满,怒斥大臣们说:"天降大旱跟封爵有什么关系?要记住前朝的教训,宠贵外戚会给朝廷带来大祸。"

她还说,自己前几天出宫,路过自己娘家门前时,看到门口来往的车子如流水一样,马匹多得如游龙一样,非常热闹繁华。兄弟们做着普通的官,尚且如此气派张扬,若封侯封爵又会怎样呢?所以,她坚决不同意给他们加官进爵。

"车水马龙"这个词,就这样诞生了。马太后的知书识礼、深明大义,为东汉的政治稳定起了重要的作用。

罗

你不知道的姓氏趣闻

春秋时期,卫国有个很荒唐的国君,称卫懿公。他最爱干的事儿就是养鹤,而且还给鹤分等级,按三六九等给它们封官,真是荒唐透顶。卫懿公把养鹤这个任务交给饲养员罗氏。此时的罗氏是官名,而不是人名。后来,卫懿公因为痴迷养鹤亡了国。而担任罗氏一职的后人,便以先祖官名为姓。

姓氏小档案

罗

姓氏始祖：伯益

全国姓氏排名：20

百家姓排名：第七十五

姓氏属性：火神之妘姓、官名、少数民族改姓

我是专门养鹤的官儿,子孙的姓氏因我的官名而来。

汉字解读

"罗",本义是捕鸟的网,后用来指比较轻软的丝织品。罗还可做动词,一表示用网捕捉,如门可罗雀;二表示排列、散布,如罗列等。

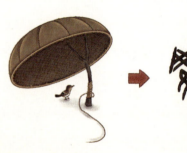

我们是这么来的

源于火神之妘姓

我是黄帝之孙颛顼,主管北方的天帝,带领部族居住在今河南濮阳一带。

颛顼

我是颛顼的后人,掌管民事、火种的官,人称火神祝融。我有八支后裔,分别为己、董、彭、秃、妘、曹、斟、芈,史称祝融八姓。

火神祝融

妘姓后人

我是祝融八姓中的妘姓后人，被封在罗国（今湖北宜城），后来罗国不幸被楚国所灭，子孙向南迁移，并以罗为姓。我们这一支，属于罗氏正宗。

··· 源于官名 ···

我是给卫懿公养鹤的，官名罗氏，鹤可比我的地位高多了。后来，卫国亡了，我这个官职名却被子孙留下了，他们改姓了罗。

罗氏

··· 源于少数民族改姓 ···

我来自蒙古孛儿只斤氏，归顺了大明王朝，因为帮助平定苗族叛乱，被赐名罗秉忠，我的子孙以后就都改姓了罗。

我们是来自西南地区的苗族，祖先名叫斛瑟罗，在汉化过程中，我们用祖先的名字，改姓了罗。

罗秉忠

苗族

我来自满族觉罗禅氏，有皇室爱新觉罗家族的血统，后来改了汉姓罗。

满族觉罗禅氏

此外，鲜卑族、突厥族、土家族、瑶族等兄弟民族中也有不少改为汉姓罗的。

我们家的名人簿

战国

罗企生：政治家。他曾担任武陵太守，但还没有就职，就因为东晋内部动乱而被捕。他舍生取义、为国尽忠，其弟罗遵生尽孝。兄弟俩成就"忠孝一门"，受到世人称赞。

唐

罗士信：唐初名将。隋朝末年，他曾参加瓦岗军起义，后来带领部下归顺了唐军，助李世民打败王世充，攻克洛阳，但在率领唐军与刘黑闼作战中战死。

宋

罗点：政治家。他年少聪慧，6岁就能写文章，举进士第二名。进入官场后，他为官正直，一生数十次向皇帝谏言，提出治国安民的主张。

明末清初

罗牧：著名画家。他虽出身农家，但刻苦好学，成为山水画家。他继承了前辈黄公望、董其昌的画法，笔意空灵，画出的树林沟壑清秀、森郁，被誉为"江西派英才"。

罗贯中：著名小说家、杂剧家，四大名著之一的《三国演义》就是他创作的。他出生于山东，父亲是一名丝绸商人，他后来跟随父亲来到杭州。在杭州，罗贯中接触了很多说话艺人和杂剧作家，他因此喜欢上民间文学。在报国无门后，他开始专心写作。《三国演义》是他最著名的一部白话小说，小说描写了三国时期的政治军事斗争，人物鲜明、脉络清楚，包含了巨大的智慧。他在文坛中的地位，得到了后世的认可和尊敬。

罗贯中

我们家的丰功伟绩

传奇"圣贤嘴",让人吃肉又喝水

唐朝末年,我们罗氏家族出了一位大诗人,名叫罗隐。据说,他不仅诗写得好,还有一张说什么就灵验什么的嘴,人称"圣贤嘴"。当地人对此深信不疑。

一天傍晚,罗隐听到村民们抱怨收成不好,好久都没吃到肉了。他笑着说:"这有什么难的,明天就让大家吃上肉。"第二天他便来到一个路口,故意在路边大便。没一会儿,县太爷从远处来了,见有人对自己如此不恭敬,非常生气,当他认出是罗隐后,马上换了一副笑脸。县太爷问罗隐有什么事,罗隐直接说:"明天你送五头猪到村上来,不然……"还没等他说下文,县太爷马上应承道:"小事一桩,我一定照办。"县太爷回去后,生怕罗隐说他坏话,再应了验,于是,第二天差人给村里送来五头大肥猪。就这样,村民们美美地吃了一顿猪肉。

还有一次,罗隐路过一个茶铺,口渴了,想喝碗茶。可铺里的水还没烧开,柴火却没了。罗隐急着喝茶,店主坚持等水开,怕生水喝了闹肚子。罗隐便说:"路铺茶水烧不开,喝了肚子也不坏。"于是他喝了一大碗没烧开的水,真的没闹肚子。说来也怪,以后再有人喝生水,也没有闹肚子。店主干脆在路边放了一桶生水,免费供路人饮用。

罗隐这张"圣贤嘴",让百姓免费吃肉又喝水,还真是做了不少好事呢。

小样,我要五头猪,谅你也不敢不送来。

罗隐

你不知道的姓氏趣闻

梁字，指流水上的小桥，或者捕鱼的矮坝。而我们梁氏祖先居住的地方，多有桥、坝等物，沟梁纵横，所以地名中有了"梁"字。渐渐地，我们祖先以地名建立国号，称梁国，子孙后来就改姓了梁。也有人因地名中的"梁"字而姓了梁。总之，我们梁姓的最初起源与小桥、水坝是分不开的。

姓氏小档案

梁

全国姓氏排名 21

百家姓排名 第一百三十八

姓氏始祖 伯益

梁康伯

姓氏属性 嬴姓 姬姓 地名和职业

看这些桥和坝，我们这里就叫梁吧，我的子孙也改姓梁。

🔊 汉字解读

"梁"字，有两个含义：一是泛指可以承载重量的长形物体，如房梁；二是寓意人的精神操行，如脊梁。

我们是这么来的

源于嬴姓

我是东夷首领伯益的后代非子，本姓嬴，因为马养得好，被封在秦邑，人称秦嬴。

非子

我是非子的曾孙，名秦仲，我替周王攻打西戎，但不幸战死沙场。

我是秦仲的儿子梁康伯，和兄弟们继承父亲的遗志，终于打败西戎，后被封在梁山（今陕西韩城），建立了梁国。我的子孙后来改姓了梁，成为梁氏正宗，我也自然成为梁姓始祖。

源于姬姓

我是周平王的儿子，名姬唐，被封在南梁（河南汝州），后世子孙改姓梁，形成河南梁氏。

我们魏国王室原属于姬姓，因为都城迁到大梁（今河南开封），所以也被称为"梁国"。国家灭亡后，我们一部分子孙改姓了梁，形成开封梁氏。

源于地名和职业

我们是晋国子民，居住在解梁城（今山西永济市内）。解梁城被秦国吞并后，我们就改了梁姓，形成山西梁氏。

我们是打鱼的渔民，专靠在河边筑矮坝来捞鱼。那些矮坝称为梁，渐渐地，我们这些渔民的子孙就改姓了梁。

我们家的名人簿

东汉

梁鹄：书法家。他小时候就喜欢书法，为了有可供学习的范本，他想方设法搜求到大书法家师宜官的墨迹，然后勤学苦练，终于有了成就。

宋

梁红玉：著名抗金女英雄。她自幼跟随父兄习武，后来嫁给将军韩世忠，从此跟着丈夫走上了战场。那时候，南宋刚建立，金军占领了北方，还不时南下侵略，韩世忠多次领兵与金军交战。有一次，金军又南下劫掠，在长江下游的黄天荡被韩世忠截住，双方展开激战。战斗中，韩世忠同士兵们一起杀敌，而梁红玉则不怕危险，擂起战鼓，用鼓声指挥军队作战，大大鼓舞了宋军的士气。就这样，他们在长江南岸坚持了48天，终于打败了强悍的金军。梁红玉因此名震天下，成为一名女将军。后来，她又独自率领一支队伍，多次击败金军，最终战死沙场。她的传奇故事，深受后人传颂。

明

梁辰鱼：戏剧家。他是利用昆腔来写戏曲的第一人，他的代表作《浣纱记》，描写了春秋末期吴越兴亡的故事，是一部脍炙人口的优秀作品。

清

梁章钜：清朝著名大臣。他和林则徐一样，坚决反对英国向中国输入鸦片，曾上奏朝廷，要求严惩那些禁烟不力的官员。

近现代

梁启超：清末学者。一位百科全书式的人物，精通哲学、文学、史学、法学、伦理学等，尤其以史学研究成就最高。另外，他曾与康有为共同主导维新变法，一生都在为中国社会的进步而努力。

梁实秋：著名散文家、翻译家。他是我国第一个研究莎士比亚的学者，一生留下了2000多万字的著作，出版了很多散文集，代表作是其翻译的《莎士比亚全集》。

我们家的丰功伟绩

举案齐眉传佳话

我们梁家有一个影响很大的人,他就是梁鸿。

梁鸿是东汉时期的文学家,不仅学问好,而且人品好、德行高,不畏惧权势。看到东汉皇宫非常华丽,他就写了一首《五噫歌》来讽刺它。大意就是:皇家把宫殿建得雄伟壮丽,全不顾百姓的辛劳。敢这样直接讽刺皇帝的人,在历史上可并不多见。

不过,让梁鸿更出名的是他和妻子孟光的故事。相传,当时梁鸿闻名乡里,当地那些有钱人家,都想把女儿嫁给他,但他都给谢绝了。同县有个孟家的女儿,名叫孟光,虽长得貌丑,但力气大,家务活更是一把好手,而且有侠义的名声。很多人看中了她的名声,也都来求娶她,不料被她一一拒绝。后来,梁鸿听说了孟光,觉得这才是自己想找的妻子,便派人提亲。说来也巧,孟光也觉得梁鸿才是适合自己的夫君,两人就这样成了夫妻。结婚后,他们夫妻二人隐居到山里,过着男耕女织的生活。孟光操持家务,梁鸿闲暇之余专心写作。那时候,人们吃饭都把饭菜放在一个叫"案"的上面,类似托盘的餐具。每次吃饭的时候,孟光都恭恭敬敬地把"案"托到丈夫面前,高举到齐眉的位置,请他用餐。夫妻之间讲究礼仪,非常恩爱。这就是"举案齐眉"的故事。后来,人们通常用这个词来形容夫妻恩爱。

你不知道的姓氏趣闻

我们宋氏家族公认的始祖是微子。他是商王室的后裔，商纣王的哥哥，商朝灭亡后，他被周朝封在河南商丘一带，建立了宋国。实际上，在微子之前，商王武丁就曾将他的一个儿子封在宋地，称为古宋国。古宋国的一些子孙后来以国名宋为姓。"宋"字最早的图腾上有两只鸟，那是因为宋姓来源于商，而商族传说是玄鸟所生的缘故。

姓氏小档案
宋
姓氏始祖：微子
全国姓氏排名：22
百家姓排名：第一百三十八
姓氏属性：子姓、姬姓、改姓

> 我们来自商族，所以我们宋姓与玄鸟也有关系。

🔊 汉字解读

"宋"字，在甲骨文中，它像一个房屋，有木头支撑着，所以本义是居住的地方。后来，"宋"专门指周朝的诸侯国，即宋国。再后来，"宋"也是宋王朝的国名。

我们是这么来的

源于子姓

微子启：我是商王室子孙微子启，子姓，很有贤名。商灭亡后，周天子将我封在商丘（商族的发源地）。我在这里建立了宋国，成为宋氏的始祖。

宋康王：到了战国时期，我成为宋国最后一位君主，称宋康王。我也曾东征西讨，扩大地盘，但最终还是被齐、楚、魏三国联军所灭，我宋国的子孙后来就以国名为姓了。

··· 源于姬姓 ···

我是春秋时期郑国有名的大夫,名姬宋,人称公子宋。后来,我的子孙以我的名字为姓,改为宋姓了。

··· 源于改姓 ···

我们原属于党项族,居住在今宁夏与内蒙古一带,后来因汉化而改姓了宋。

我是宋朝皇室后裔赵昶,先祖是太祖儿子赵德昭。宋朝灭亡后,我和哥哥被元兵追杀,逃到山东成武一带隐姓埋名,改为宋姓。

我原是蒙古族,名叫伯容帖木儿,被大明皇帝赐姓宋,取名宋一诚。后来,我的子孙也都改姓了宋。

我本来姓韩,先祖是南宋时期的廉州太守韩显卿,因舅父收养了我而改姓宋。我就是宋耀如,三个女儿都很有名,她们是宋霭玲、宋庆龄和宋美龄,人称"宋氏三姐妹"。

我们家的名人簿

宋玉

战国

宋玉： 楚国大夫，文学家。相传他是屈原的弟子，才华很高，而且容貌俊美，代表作有《九辩》《高唐赋》《登徒子好色赋》《神女赋》等，他的诗歌继承了屈原的文风。

唐

宋璟： 著名宰相，他一共辅佐了唐朝五位皇帝，一生为振兴大唐而努力，辅佐唐玄宗开辟了开元盛世。

宋

宋祁： 文学家、史学家。他写的词《玉楼春·春景》，其中"红杏枝头春意闹"这句最为有名，也因此被称为"红杏尚书"。在史学上，曾和欧阳修共同编写了《新唐书》。

宋慈： 法医学家，是法医学的鼻祖。他一生先后四次担任高级刑法官，判案有自己的独到之处。他所著的《洗冤集录》，是世界上第一本法医专著。

明

宋应星： 著名科学家。他小时候记忆力惊人，有过目不忘的本领。28岁那年，他考中了举人，但在后来的几次京师会试中都名落孙山，他只好放弃了科考做官的念头。于是，他经常到田间和作坊里调查，学到了很多生产知识，鄙视那些夸夸其谈的人。后来，他到江西省的一个县里当老师。在授课之余，他著成《天工开物》一书，这部书非常了不起，是当时世界上第一部关于农业和手工业生产的著作。书里记录了农民培育水稻和大麦新品种的事例，还研究了土壤、气候等对农作物品种变化的影响。这部著作对农业的发展具有巨大的推动作用。除此之外，他还对物理、自然科学等有较深的研究。

我们家的丰功伟绩

帮人种瓜,以德报怨

什么是以德报怨呢?就是不记别人的仇,反而给对方好处。我们宋家就有一位这样的人。话说在战国时期,梁国有个叫宋就的人,他来到梁国和楚国的边境当县令。当时,两国百姓都在边境种瓜。梁国人很勤劳,及时给瓜田浇水,所以瓜长得都很好。而楚国人呢,不怎么精心照料,所以瓜长得不好。两国的瓜地相隔不远,差距却很明显,因此楚国人心里很不舒服。一天夜里,楚国人偷偷将梁国的瓜摘走了,还将瓜秧都扯坏了。梁国人早上起来一看,见自己辛辛苦苦种的瓜被摘走了,非常生气,随即将此事告知当地的县令宋就。作为父母官的他,会怎么办呢?是把楚国的瓜田也毁了,还是请求派兵攻打楚国,出了这口恶气?然而,宋就却做了一个人人都意想不到的决定。他非但没让人去破坏楚国的瓜田,反而派人夜里偷偷给对方的瓜田浇水。就这样,楚国的瓜也越长越好。

楚国人知道真相后,惭愧不已。后来,楚王知道了这件事,对宋就大加赞赏。本来,如果梁国与楚国交恶,楚王便可借机攻打梁国,侵占对方一些土地。但此时,楚王自然打消了这种念头。他认为梁国有宋就这样的贤臣,应该与梁国交好才对。于是,楚王派人向梁国道歉,与梁国建立友好邦交。宋就以德报怨的做法,维护了国家的安定。

 你不知道的姓氏趣闻

我们郑姓，有"天下郑姓出荥阳"的说法。西周末年，周幽王昏庸无道，郑桓公预感到西周要亡，便把自己的家属和子民迁到黄河以南，建立了新郑国（都城在今河南新郑）。郑氏族人最早就在这里安家落户。到了魏晋时期，这一带设置了荥阳郡，郑姓也发展为望族。从此，姓郑的人都说自己出自荥阳。

汉字解读

繁体字的"鄭"由奠、邑二字组成，表示在地基上洒酒祭祀，所以，"郑"有隆重之意，如郑重。郑，也专指战国时期的郑国，或用作姓氏、地名等。

我们是这么来的

源于姬姓

我是郑国第一代君主郑桓公，出自周王室。犬戎兵马灭亡了西周，我也不幸被杀，还好儿孙将我建立的郑国发扬光大。

我是郑庄公，父亲辅助周平王建立了东周，壮大了郑国声威。我接着开疆拓土，让我们郑国更大更强，成为当时的霸主，可以跟周天子抗衡了。

到了战国时期，我们郑国不幸被韩国所灭。郑国子孙散落河南各地，以国名为姓，成为郑氏的主要支派。

源于子姓和姜姓

我是商王武丁的儿子子奠，专门主持洒酒祭祀，建立的国家也称郑。商朝灭亡后，我们子姓郑人迁到了今陕西宝鸡一带，发展为郑姓中的一支。

我是姜太公的小儿子姜井叔，被周武王封在今陕西凤翔，建立了西郑国。后来，周穆王夺了我们的封地，西郑灭亡，子孙就以郑为姓了。

源于赐姓和改姓

我是有名的"三保太监"，也是郑姓家族中的改姓代表，因功被明太祖赐姓郑，取名郑和。我曾带领船队七次下西洋，发展了我国的航海事业。

我们本属哈尼族，明朝的时候，我们改了汉姓郑，加入汉姓家族。

我们家的名人簿

战国

郑国：著名水利专家，韩国人。他为了拖住秦国对外侵略的步伐，建议秦王在关中修建一条水渠。结果歪打正着，他主持修建的郑国渠使秦国沃野千里，国力更加强盛。

汉朝

郑玄：经学大师。经学是专门研究儒家经典的一门学问。他用一生精力，注解了《易》《诗》《书》《礼记》《论语》《孝经》等经典，在东汉享有盛名。

宋

郑樵：史学家、目录学家。他一生没参加过科举考试，立志读遍古今书籍。他所创作的《通志》，是一部大型的纪传体通史。他还写了一本《氏族略》，里面专讲姓氏和家族，共收录了2255个姓。

元

郑光祖：著名杂剧家，元曲四大家之一。元朝时的南方戏剧，郑光祖是领袖人物，他一生创作了多部作品，已知杂剧就有18种，代表作《倩女离魂》。

明清

郑成功：民族英雄，抗清名将。他出生于福建，父亲郑芝龙在东南沿海有自己的军队，明朝灭亡后，郑芝龙归顺了清朝，但郑成功很不满意父亲的做法，坚决抵抗清兵。当时，台湾在荷兰人手中，他决定收复台湾，把它作为抗清根据地。于是，他带领军队横渡台湾海峡，登上了台湾岛。荷兰人据守在赤崁城和热兰遮城，郑成功先是趁涨潮的机会收复了赤崁城，后来又用围攻的方式，收复了热兰遮城，彻底将荷兰人赶出了台湾。之后，他在台湾垦荒屯田，发展当地的农业生产技术，使台湾摆脱落后的局面，逐渐富庶起来。

郑板桥：画家、文学家，扬州八怪之一。他是一位非常有个性的画家，一生只画兰、竹、石，尤其以画竹最为出名，是一位名副其实的画竹大师，代表作有《墨竹图》《兰竹芳馨图》等。

郑成功

我们家的丰功伟绩

乘风破浪，七下西洋

汉字演变

鄭 鄭 鄭 鄭
楷书 隶书 篆文 金文

在我们郑氏家族中，有一位领航中国海洋梦的人物，他就是七下西洋的郑和。

郑和，原名马三保，因为立了很多军功，被明成祖朱棣赐姓郑。明成祖朱棣很想了解海外的情况，与海外建立联系，于是，便派郑和出使西洋。

那时候，还没有地理大发现，西方的环球航行也还是没影儿的事，但郑和却实现了航海史上的创举。1405年，他第一次率领六十多艘大船，共八千多人向西洋出发，其规模在世界航海史上都是首屈一指的。他们从苏州的刘家河出发，先后到达爪哇、苏门答腊、古里、锡兰等国家。途中，他们抓获了行凶作恶的海盗，与各个国家建立了联系，同时还宣扬了大明王朝的国威。两年后，郑和完成出使任务，回到中国。

在后来的二十多年间，他又六次率领船队下西洋，一次比一次规模大，从太平洋到印度洋，共拜访了四十多个国家，最远到了非洲，这在当时可是非常了不起的。他远下西洋，一方面宣扬了国威，一方面更是促进了中西文明交流。如今，在马来西亚等地，还保留有"三保寺""三保井""三保山"等名称呢，这些都是郑和当年留下的足迹。

后来，郑和在最后一次远航的归国途中病逝，时年62岁。他是一位名副其实的航海家。

你不知道的姓氏趣闻

据说，远古时期的谢族，是一个善射的部落。而甲骨文中的"谢"字，也像一个人在拉弓射箭。所以，在古代谢、射两个字是通用的。比如，战国时期有位墨家学者，人称谢子，也叫祁射子。而东汉有位官员叫谢服，他要带兵出征，天子觉得谢姓不太吉利，就给他改为射姓，后来他的子孙也都姓射了。

汉字解读

"谢"，本义是辞谢，也有辞别、推辞的意思。后来，引申为凋落、衰退，如凋谢。而在现代汉语中，"谢"字应用最广泛的词义，就是表示感谢。

我们是这么来的

源于黄帝之任姓

我是中华民族的始祖黄帝，有12个儿子得了姓氏，其中第七个儿子姓任。

我是黄帝的第七个儿子，本姓任，我建立了谢国。后来，周宣王将我的国家灭掉，转手送给他的舅舅。从此，谢国的子民就以谢为姓。

源于姜姓

我是周宣王,想把谢邑(今河南南阳境内)封给我的舅舅申侯,就出兵灭掉了任姓谢国,让舅舅管理了这里。

我是炎帝的后裔申侯,先祖本姓姜。周宣王把谢邑封给了我,我在这里建立了申国。后来,申国灭亡了,申国子孙就以都城名中的谢字为姓,发展为谢氏正宗。

少数民族改姓

我来自北方的游牧民族高车部,生活在草原,魏晋时期,我们部族里有很多人改了汉姓谢。

在民族融合过程中,我们蒙古族和土族、满族、瑶族等民族中都有不少人改了汉姓谢。

我们家的名人簿

东汉

谢夷吾： 东汉大臣。为官刚正不阿，上司家属的马车放得不合规矩，他也敢斥责。他还慧眼识人，曾极力向朝廷推荐有大才却不太受人待见的王充。

东晋

谢玄： 东晋将领，宰相谢安的侄子。他很有治军才能，曾组建了一支精锐部队。在淝水之战中，他取得了以少胜多的巨大战果。

谢道韫： 东晋才女，宰相谢安的侄女。有一年，天下大雪，谢安让几个孩子形容一下飞雪，谢道韫将雪花比喻成柳絮，受到叔父的赞扬，称她有"咏絮之才"。她的作品有《咏雪》《泰山吟》等。

南北朝

谢灵运： 南朝第一才子。他出身名门望族，是谢玄的孙子，从曾祖父、祖父、叔祖父到父亲、母亲都是名人。他从小就爱读书，文章写得非常好，在江南几乎没人能超过他。在诗歌创作上，谢灵运是山水诗的鼻祖。他将山水美景引入诗中，把山水作为独立的描写对象，从而开创了山水诗派。此外，他还精通书法、绘画和史学。谢灵运才气逼人，曾自夸说："天下文才共有十斗，曹子建独占八斗，我得一斗，其他人共分一斗。"意思是说，我虽然比不上曹子建，但其他人加起来的才学才跟我打个平手。这话可不是吹牛的。成语"才高八斗"，就是这么来的。

谢朓： 山水诗人。他与谢灵运出身同一家族，同样才华横溢，名扬天下，流传下来的诗作有200多首，代表作为《晚登三山还望京邑》等。

明

谢迁：明朝大臣。科举考试考了头名状元，官至东阁大学士。他为官正直，政绩突出，与李东阳、刘健并称为三大贤相。

现代

谢婉莹：著名作家，笔名冰心。她的散文成就很高，早期发表的《寄小读者》，是我国儿童文学的奠基之作。

我们家的丰功伟绩

举贤不避亲，打赢淝水之战

两晋乃至南北朝时期，我们谢家可是非常显赫的家族。家族里能人辈出，随便拉出一个来，不是将军，就是名臣，或者是大才子。其中最值得称道的，还是宰相谢安。

谢安是东晋时期的宰相，那时候的东晋朝廷还比较弱小，连支像样的军队都没有。所以组建一支军队来保卫国家，是当务之急。那谁来担当这个重任呢？谢安放眼整个朝廷，最后举荐了自己的侄子谢玄。举荐至亲来做官，多少会让人说闲话，但谢安并没有避嫌，他认为谢玄有这个能力。果然，谢玄不负众望，他在北方流亡来的民众中，挑选出一批身强力壮的勇士，经过艰苦训练，组建成了一支精锐部队。

没过几年，东晋就遇到了危机。前秦皇帝苻坚率领80万大军，浩浩荡荡南下，想要一举攻灭东晋。当时，东晋只有8万兵马，怎么打赢这场仗呢？谢安亲自做总指挥，坐镇后方。然后派弟弟谢石做前线大都督，侄子谢玄做前锋，儿子谢琰做辅国将军，带领晋军与前秦兵马在淝水展开一场大战。虽然晋军人少，但团结一致，最后竟将80万秦军打得落花流水。

淝水一战，晋军取得了胜利，这也可以说是谢家人打赢的这场仗。因为这场战役的胜利，东晋朝廷能够在江南稳住局面，从而使中原文化得以延续。

你不知道的姓氏趣闻

相传，上古时期，黄帝和妻子嫘祖生了两个儿子，其中一个儿子叫昌意。昌意的儿子叫韩流，韩流成为一个氏族的首领，这个氏族就以他的名字命名，叫韩流族。他们是最早的一批韩姓人。据考古发现，韩流族很可能发明了水井，"韩"字的古义就是井上的围栏。

相传我们族人发明了水井，所以命名为韩。

🔊 汉字解读

"韩"，"井垣也"，最早是指井上的围栏。在古代，韩指诸侯国名。

我们是这么来的

源于姬姓

我是韩姓的老祖宗黄帝，大部分韩姓都是由我姬姓发展而来的，他们大概分为三支。

我是黄帝的嫡系子孙韩流，我的名字也是我们氏族部落的名字，后来我们族人就成为最早的一批韩姓人。

我是周武王的儿子,也是黄帝后裔,被封在韩地,成为西周韩国的国君,称为韩侯。我们只是个小国,后来被晋国灭掉,子孙就改姓韩了。

我原为晋国王族,称曲沃桓叔,先祖是周武王的另一个儿子叔虞,当然也属黄帝后裔。我的子孙后来抢了晋国国君之位。

我是桓叔后人,因封在韩城而称韩武子。我的子孙为晋国卿大夫,后来与同为晋国大夫的赵、魏两大家族瓜分了晋,并建立韩国。后人尊我为韩姓始祖。

我是韩国王室后人,韩国被秦国灭掉后,秦王将我们统一安顿在河南禹州。在这里,我们发展为韩姓中最重要的一支。

源于改姓和赐姓

我原属于鲜卑族大汗氏,因魏孝文帝推行汉化改革,我们族便改姓了韩,也是外姓改韩姓中最重要的一支。

我来自日本,因喜爱中国文化,留在唐宪宗身边做了侍卫。宪宗给我赐姓韩,取名韩志和,子孙便因此姓了韩。

我们家的名人簿

战国

韩非：法家代表。他是韩国贵族，是大学问家荀子的学生，有满腹的才华，只可惜在韩国没受到重用。他最突出的成就是他的法家思想，他把前几代法家的思想精华汇总起来，成为法家的集大成者，著成《韩非子》一书。他积极倡导君主专制，提倡治国以法为本，这非常符合时代的发展。秦王嬴政读了他的文章后，大加欣赏，非常想得到这个人才，竟然发兵韩国，将他抢了过来。韩非来到秦国后，却因为遭到丞相李斯的妒忌，冤死在狱中。不过，他的思想留在了秦国，指导秦王统一了六国。

西汉

韩安国：西汉名臣。他不仅学问好，口才也好，他多次为梁孝王化解政治危机，并且得到皇帝的信任。汉武帝时期，他提倡与匈奴和亲，为汉朝北方赢得多年的安定局面。

隋朝

韩擒虎：隋朝将军。他有胆有谋，在攻打陈国的统一战争中，独自率领五百人夜渡长江，攻下敌方城池，最终占领陈国的都城，活捉了陈国国君。

唐朝

韩滉：政治家、画家。他官至宰相，却喜欢画田家风俗，把风俗画扩大到农村生活。他笔下的村夫、水牛等都惟妙惟肖，传世作品有《五牛图》。

韩愈：文学家、政治家。他为官刚正，曾直言反对皇帝迎佛骨，因此被贬出京城。在文学上，他倡导古文运动，是唐宋八大家之首，世称昌黎先生。

宋朝

韩琦：北宋大臣、名将。他性情刚直，敢直言进谏，不惧权势。他曾到四川救助饥民190多万人。后来他和范仲淹一同防御西夏，受到百姓的尊敬，人称韩范。

韩世忠：抗金名将。北宋灭亡后，韩世忠和岳飞等将领坚持抗金。他曾与妻子梁红玉并肩战斗，在黄天荡与金军激战，狠挫了对方的士气，是南宋朝廷颇有影响的人物。

我们家的丰功伟绩

明修栈道，暗度陈仓

汉字演变

韓（篆文） 韓（隶书） 韩（楷书）

秦朝灭亡后，项羽势力越来越大，成为西楚霸王。他担心刘邦跟他抢夺天下，就把他封到汉中和巴蜀做汉王，并让秦朝的三个降将把守在关中地区，以防止他打过来。

当时，刘邦的势力还很弱小，不敢跟项羽对抗。为了迷惑项羽，他进入汉中后，就把汉中通往关中的唯一一条栈道给烧掉了。栈道是沿着悬崖峭壁修建的山路。那时候，要从汉中进入关中，必经之路是陈仓（今陕西宝鸡），两者之间隔着崇山峻岭，只有那么一条栈道相连。没有了栈道，自然也就没法过来了。

刘邦进入关中后，经萧何推荐，正儿八经拜了一个人做大将军，这个人就是韩信。韩信是个军事天才，他很快就帮刘邦训练了一支军队。然后，他们就开始研究怎么打进关中。韩信想了一个绝妙的主意，他派人带着五百士兵，去修原来烧毁的那条栈道，做出要从这里回到汉中的样子。陈仓守将章邯见了，心想汉军修上三年也修不好，生了轻敌之心。谁承想，韩信带领大部队悄悄沿着山里的一条小路，翻山越岭来到陈仓，突然偷袭他们。汉军从天而降，章邯大惊，很快就被打败了。就这样，韩信采用"明修栈道，暗度陈仓"的办法，带领汉军进入关中，开启了与项羽争夺天下的战争局面。

你不知道的姓氏趣闻

西周初年，年幼的周成王和弟弟叔虞玩游戏，他随手摘下一片梧桐叶，送给弟弟说："我把这个作为信物，封赐给你。"周公知道了这件事，认为天子无戏言，说出口的话就要办到。于是，成王就把唐国封给了叔虞。从此，叔虞又被称为唐叔虞。后来，他的儿子改唐国为晋国，但仍有一部分子孙以唐为姓。

我把这个作为信物，封赐给你。

🔊 汉字解读

"唐"，一指"大言也"，最早表示大声说话，引申为鲁莽、说大话；二指空的、徒然的；三指唐朝；四在古代指朝堂或宗庙门内的大路。

我们是这么来的

源于尧帝之伊祁姓

我是黄帝的后人，本姓伊祁。开始我被封在陶地，后来又改封在唐（今山西临汾），建立古唐国，称陶唐氏。我做了部落联盟首领后，以唐为国号，后世称我唐尧。

我是唐尧的后裔，古唐国最后一代国君，因反对周王室，被周成王灭了国，子孙后来改以唐为姓了。

源于姬姓

我是武王的儿子，成王的弟弟唐叔虞，被哥哥封在唐国旧地，建立姬姓唐国，成为唐姓的另一始祖。

我是叔虞的儿子燮父，继承唐国国君后，改国号为晋，晋国后来成为春秋大国，但后世子孙也有一部分改姓了唐。

我是燮父的后裔，在南方建立了新的唐国（今湖北随州境内），成为新唐国国君，后来子孙也成为唐姓中重要的一支。

源于少数民族改姓

我来自南疆部落，是东汉时代的白狼族，我的汉姓为唐，子孙也改姓了唐。

我是元代大臣唐仁祖，本属于畏兀儿族，因祖辈名为唐古直，我们便以祖辈名的第一个字"唐"为姓了，我的后代也是重要的唐氏成员。

我们家的名人簿

唐

唐俭：唐朝功臣。李渊起兵时，唐俭就参与了谋划。后来，他意外得知有人要谋反，便想办法给李渊父子通风报信，避免了唐王朝的损失，因功被封为莒国公。

宋

唐彦谦：文学家。他出身太原望族，博学多才，是当地有名的才子，诗词、书法、绘画等样样精通。他善于作七言诗，代表作有《采桑女》和《宿田家》等。

唐庚：文学家。他才华出众，有"小东坡"的称号。他的散文短小精悍，说理缜密，可称得上是当时的文章典范。而他作诗注重推敲，有佳句"山静似太古，日长如小年"传世。

明

唐顺之：儒学大师。他精通军事、文学、数学等，崇尚唐宋时期的散文，主张写文章要直抒胸臆，不落俗套。他还是一位抗倭英雄，曾在崇明带兵抗击危害东南沿海的日本倭寇。

唐寅：著名书画家、文学家，明代四大才子之一。他小时候就聪颖过人，才华横溢，16岁时参加乡试，便考取秀才第一名，后来他又在应天府的公试中考中第一名解元。但在接下来的京城会试中，他却遭遇人生滑铁卢，因被卷入泄题案中，他被削夺了做官的权利。他擅长工书画，晚年便以卖画为生。至今，唐寅留下的传世作品有《骑驴归思图》《山路松声图》《王蜀宫妓图》等，成就极高。他与祝允明、文徵明、徐祯卿并称为"吴中四才子"。

清

唐英：陶瓷艺术家、戏曲作家。兼工绘画、书法、篆刻，曾担任景德镇督陶官二十多年，他所烧制的瓷器，被人称赞为"唐窑"。他还擅长写戏曲和画山水人物，写过杂剧《转天心》等。

我们家的丰功伟绩

兴建第一条中国自营铁路

清朝末年，清政府日益衰弱，我们中国屡次遭到英、法等外国侵略者的欺侮，一些官员和有识之士就发起了洋务运动，学习西方先进的文化和技术，开办工厂、建造船舶等，以达到富国强兵的目的。那时候，我们唐家也出了一位洋务运动的代表人物，他就是唐延枢。

唐延枢是广东人，从小就接受了教会教育，所以他的英语非常好，曾在香港和上海当过多年的翻译，这为他后来发展商业活动奠定了良好的基础。1873年，他进入李鸿章创办的实业中，负责改组轮船招商局，并担任了轮船招商局的总办。从此，中国的洋务运动风气大开。唐延枢在唐山一手主持筹办了开平煤矿，为洋务实业运动提供了大量的资金。在开矿挖煤期间，为了将煤更顺利地运出去，他又主持修建了我国第一条准轨铁路。一开始，清政府并没有批准他修建铁路，但他还是积极购买土地和铁路器材，为修建铁路做了充分的准备。在他的坚持下，唐胥铁路最终建成。后来，他还将铁路修到了天津。

唐延枢一生创办和投资的实业有40多家，为当时的民族经济做出了重要贡献。

文图编辑：张　艳

文字撰写：杨玉萍

装帧设计：ABOOK·蜀黍

美术编辑：玉琳儿

图片绘制：刘宁、田颖

编者说明

　　中国姓氏文化源远流长，姓氏起源可追溯到远古氏族时代，随着历史的发展和社会的进步，姓氏也随之丰富、庞杂。

　　本书收录了最常见的52个姓氏，"百家姓排名"均按照流传最为广泛的宋版《百家姓》中的顺序；"全国姓氏排名"编写时间早于出版时间，如果出版后有所变化，望读者见谅。

　　另外，本书所写姓氏属性、姓氏起源及姓氏迁徙等内容由于史书记载不一，各家之说众多，我们参考了权威专家出版的书籍，采纳最为普遍认同的观点进行编写，所写内容有疏漏和失当之处，望读者批评指导。

我们的百家姓

有故事的地图
YOU GUSHI DE DITU

3

WOMEN DE BAIJIAXING

尚青云简 编著

北京理工大学出版社
BEIJING INSTITUTE OF TECHNOLOGY PRESS

版权专有　侵权必究

图书在版编目（CIP）数据

有故事的地图：我们的百家姓：全4册 / 尚青云简编著.—北京：北京理工大学出版社，2021.6

ISBN 978－7－5682－9664－9

Ⅰ.①有… Ⅱ.①尚… Ⅲ.①姓氏－中国－通俗读物 Ⅳ.①K820.9-49

中国版本图书馆 CIP 数据核字（2021）第 058154 号

有故事的地图：我们的百家姓

出版发行 /	北京理工大学出版社有限责任公司
社　　址 /	北京市海淀区中关村南大街5号
邮　　编 /	100081
电　　话 /	（010）68914775（总编室）
	（010）82562903（教材售后服务热线）
	（010）68948351（其他图书服务热线）
网　　址 /	http://www.bitpress.com.cn
经　　销 /	全国各地新华书店
印　　刷 /	北京尚唐印刷包装有限公司
开　　本 /	787毫米×1092毫米　1/12
印　　张 /	28
字　　数 /	464千字
版　　次 /	2021年6月第1版　2021年6月第1次印刷
审图号 /	GS（2020）5808号
定　　价 /	156.00元（全4册）

责任编辑 /	田家珍
文案编辑 /	田家珍
责任校对 /	周瑞红
责任印制 /	李志强

图书出现印装质量问题，请拨打售后服务热线，本社负责调换。

历史上著名的姓氏大迁徙

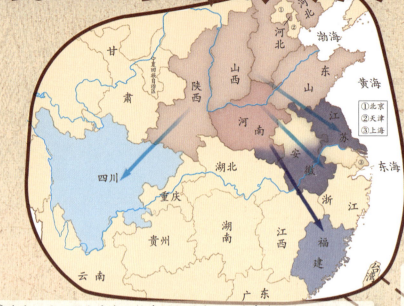

②陈氏父子入闽和安史之乱中原百姓南下：唐高宗时期，陈政、陈元光父子带领几千人从河南到福建平叛。后来，他们又将福建蛮荒之地变成美好家园。唐中期时，因为战乱，中原大片良田变成荒野，大批百姓从陕西进入四川，从河南、河北进入江淮地区安家落户。

④山西洪洞大移民：明朝初年，北因战争不断，千里见不着人影。于是明太祖就下令大规模移民，把人口多的山西百姓聚集到洪洞大槐树下然后迁到河北、河南、山东等中原地

⑤湖广填四川：清朝初年，四川因为曾经的战乱，变成荒凉之地。于是，湖南、湖北和广东的大批百姓迁到了四川。另外，参与这次移民活动的还有福建、江西和广西的百姓。

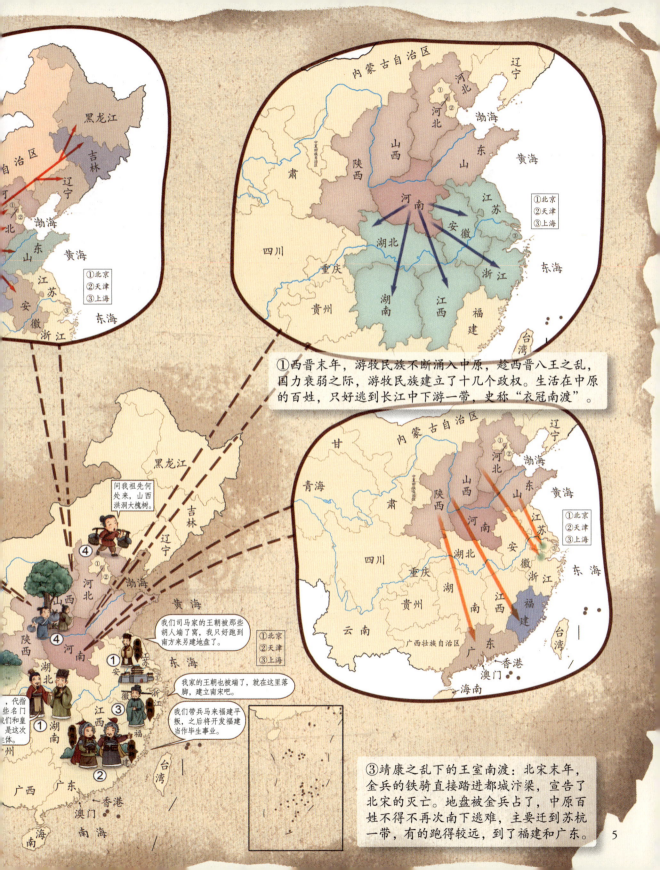

冯

你不知道的姓氏趣闻

尧舜时期,有一支归夷族人(东夷族的一支)生活在今河南商丘一带,以白头翁为图腾。夏朝时,他们的后人建立了一个冯夷国(今陕西境内),后来冯夷国分裂为冯、河宗、邯三国。其中冯国后人冯简子(归姓)是个非常有才能的人,做了郑国大夫,并得封地冯邑(今河南新郑)。他的子孙便以冯为姓了。所以说,我们冯姓中的一支是来自东夷族哟。

汉字解读

"冯",原意指马可以凭借河面或湖面上结实的冰层在上面通过,后引申为马跑得快或马疾速奔跑的蹄声。古音也读 píng,通"凭",如暴虎冯河一词,冯就发 píng 这个音。

我们的祖先来自归夷族,原姓归,后来我们这些子孙又以封邑为姓了。

我们是这么来的

源于归姓

我是归夷族首领冯夷,归姓,我的后人以我的名字在今陕西大荔县建立了冯夷国,冯夷国曾历经夏、商、周三个朝代。

我是冯国(冯夷国分裂后其中的一个国)后人冯简子,在郑国做大夫,被封在冯邑(今河南新郑),我的子孙便以封地名为姓,成为冯氏中重要的一支,我也成为冯氏始祖。

源于姬姓

毕公高：我是周文王的第十五个儿子姬高，也是西周王室重臣，被封在毕地，人称毕公高，冯氏正宗就是从我的子孙中发展而来的。

毕万：我是毕公高的后世子孙毕万，因英勇善战而做了晋国大夫，得封地魏（后来的魏国）。

冯文孙：我是毕万的后人冯文孙，晋国公把冯城（今河南荥阳市西）封给了我。后来，我的子孙就姓冯了，成为冯氏正宗。

魏长卿：我是毕万的后裔魏长卿，祖辈建立了魏国，但我从冯简子后人手里接管了冯邑（今河南新郑），后世子孙便放弃了自己的毕姓和魏姓，改姓冯了。

源于鲜卑族

拓跋穆泰：我是北魏时期的鲜卑贵族，北魏太武帝拓跋焘的后世子孙拓跋穆泰，得封冯翌侯。

拓跋穆泰后裔：我是拓跋穆泰的后人，我们以先祖官爵名"冯翌侯"的"冯翌"为姓氏，后来汉化为"冯"，也成为冯姓中重要的一支。

我们家的名人簿

秦

冯去疾：秦朝右丞相。秦始皇外出巡游时，冯去疾曾留在京都镇守后方。秦二世继位后，他和儿子冯劫劝谏二世减轻过重的徭役和赋税，却被治罪，他不愿受辱，无奈与冯劫一起自杀。

两汉

冯唐：西汉大臣。以孝道闻名乡里，他很有才干，曾当面指出汉文帝不足，得到文帝赏识。到汉武帝想启用冯唐时，冯唐已九十多岁了，后人用"冯唐易老"来比喻生不逢时或壮志难酬。

冯异：东汉开国名将。新莽末年，刘秀和哥哥刘縯共同起兵反抗王莽。而冯异一直是刘秀的坚定追随者，在刘縯死后，他跟随刘秀征讨河北，助刘秀在河北打下属于刘氏的地盘。之后，他镇守孟津，平定关中，征讨陇右，为东汉王朝的建立与巩固立下赫赫战功。虽功不可没，但冯异从不居功自傲，每当闲暇时，其他将领都喜欢争论谁的功劳大，而冯异总是默默地站在大树下，不发一言。于是，士兵们都尊敬地叫他"大树将军"。

明

冯梦龙：明代著名的文学家、思想家，也是一位戏曲大家。他的作品强调感情和行为，著作《喻世明言》《警世通言》《醒世恒言》，合称"三言"，是中国白话短篇小说的经典代表。

冯梦龙

清

冯子材：晚清抗法名将，民族英雄。他少年时，学得一身武艺，后来投身军旅，成长为一名将领。1884年，清廷与入侵的法军开战，冯子材自愿领军上战场，取得著名的"镇南关大捷"，重创法军。

冯异

我们家的丰功伟绩

一代女杰，缔造北魏版"武则天"

南北朝时期，冯跋建立了北燕国。当然，这个国家跟其他小国一样，很快就被吞并了。北燕虽亡，但冯跋有一个侄孙女却在北魏皇宫成长起来，成为影响北魏朝政20余年的一代女政治家，她就是冯太后。

冯太后在15岁时成为北魏文成帝的皇后，24岁成为太后。丈夫英年早逝，冯太后表现出惊人的政治才能，她扶持幼帝，执掌大权，镇压叛乱，稳定了北魏朝局。献文帝亲政后，她又亲自抚养皇孙拓跋宏，教养他成人。但没过几年，献文帝也死了，冯太后成为太皇太后，再次临朝听政，成为北魏的政治核心。她听政期间培养贤才，整顿吏治，还颁布均田制，推动一系列改革，使失去土地的百姓有了土地可种，增强了北魏国力。与此同时，她还精心教养皇孙孝文帝（拓跋宏），让他尽可能参与政治。因此，孝文帝能成为一代英主，与冯太后的教养有着重要的关系。

冯太后是历史上著名的政治家、改革家，执政期间虽没有称帝，但掌握了与皇帝同等的大权，并且为国家的发展做出了贡献。所以，也有人称她是北魏版"武则天"。

你不知道的姓氏趣闻

周朝建立后，分封了许多诸侯，我们于姓的始祖邘叔（姬诞）是周武王的儿子，被封在邘国（今河南沁阳市境内），后世子孙就以国名为姓。东周时期，周敬王为了巩固王室统治，便出兵讨伐邘国，邘国人四散奔逃，并在逃命前各自在手臂上刺了个"于"字，以作为邘国同胞的标志。因为去掉了"阝"旁，邘国人躲过了追杀，后来便改姓"于"了。

姓氏小档案
于
姓氏始祖 邘叔
全国姓氏排名 28
百家姓排名 第八十二
姓氏属性 姬姓 姜姓 赐姓

汉字解读

"于"，是"迂"、"纡"的本字，本义为曲折。较早的字是在"干"的旁边有一条迂曲的线，表示行路时要绕着走。现在，"于"常用作介词，有时也通"於"。

我们是这么来的

源于姬姓

我是周武王的二儿子，名姬诞，因被封在邘国，人称邘叔，是于姓的始祖。

邘叔

我是邘叔后裔，邘国人，以国名为姓。春秋末年，邘国与周王室起了冲突，被周王室所灭，我们为了避祸，都改姓于了。

邘国后人

源于姜姓

我是远古部落首领，后世尊称炎帝，号神农氏，姜姓。我的一部分后裔改姓了复姓淳于。

我是炎帝后人，被周武王封在州邑（今山东安丘市），建立州国，人称州公。后来州国灭亡，子孙复国后，改名淳于国，后人便以淳于为姓了。

我是淳于国后人淳于髡，生活在战国时期，虽然身材矮小，但我是齐国有名的政治家和思想家，能言善辩，博学多才。

我是唐朝人，是齐国大夫淳于髡的后裔。因为皇帝唐宪宗名李纯，为了避讳，我们淳于氏改姓于，成为于姓家族重要的一支。

源于改姓或赐姓

我本属于蒙古族，名巴延达哩，被明朝皇帝赐姓于，名忠，后世子孙也都姓于了。

我们都属于少数民族，在汉化过程中改了汉姓于。

我们家的名人簿

西汉

于定国：西汉大臣。他父亲是一位办案公正、闻名乡里的好官，他从小跟随父亲学习律法。受父亲的影响，他同样为官清正，办案有方。他在汉宣帝时得到重用，官至丞相，封西平侯。

南北朝

于栗磾（dī）：北魏名将。他自幼学习武艺，力大过人，能在马上左右开弓射箭。不仅武艺超群，而且治军严明，有万夫不当之勇。南朝宋帝刘裕北伐时，非常忌惮他，曾亲自写信向他借道，他因此得赐封号"黑槊将军"。

于谨：北魏至北周名将，也是一位战略家。他智勇双全，胆识过人，曾平定匈奴、鲜卑等少数民族发动的起义，击败柔然，攻灭南梁，参加无数战斗，立下赫赫战功，被进封燕国公，为"八柱国"之一。

唐

于濆（fén）：晚唐诗人。他作诗不喜欢受声律拘束，十分推崇古风，自号逸诗。他的诗古朴无华，明快直切，颇具现实主义特色，有《于濆诗集》一卷传世。

明

于谦：著名军事家、政治家。他出生于杭州，年少时就博览群书，志向高远，16岁便作《石灰吟》，留下"粉身碎骨浑不怕，要留清白在人间"的千古名句，而这一句也是他一生的写照。于谦为官清廉，为民请命，军事上也有卓越建树。土木堡之变后，明英宗被蒙古军俘虏，于谦在此时力挽狂澜，力排众议，拥立新帝继位，并率领军民抗击蒙古军，保卫了京师，保住了大明江山。至今，杭州还有于谦墓和于谦祠，他与岳飞、张煌言（明末抗清英雄）被称为"杭州三杰"。

我们家的丰功伟绩

天下第一廉吏

清朝时，我们于氏家族出了一位清正廉洁的好官，他就是于成龙。

于成龙出生于山西的一个小村落，四十多岁时才入仕做官。他一上任就是到广西一个非常偏远的小城——罗城，担任知县。那个时候，罗城才归属清廷不久，兵荒马乱的，前两任知县一个不幸死了，一个逃跑了。于成龙来到这样一个地方，遇到的困难可想而知。但他没有因此退缩，而是依靠自己的聪明才智治理罗城。三年后，罗城在他的治理下风气大变，百姓安居乐业，两广总督给他的政绩考核评了"卓异"，相当于大大的"优"。此后，他到黄州、福建多地任职，都同样政绩突出。更难得的是，于成龙为官十分清廉，生活异常简朴，每餐不过一碗杂糠米粥、一碟青菜，常年不知肉味，且与仆人一同吃饭。当地百姓都亲切地叫他"于青菜"。在他的影响下，下属官吏也很清苦，竟采摘府衙外面的槐树叶当菜吃。在官场二十多年，于成龙从来不带家眷，因此也与妻子分离了二十多年。

于成龙去世时，正担任两广总督，却只留有一套官服，再没有其他值钱的物品。人们感佩他的清廉，康熙皇帝亲封他为"天下第一廉吏"。

你不知道的姓氏趣闻

相传，我们董姓的祖先是黄帝的后代，而且还跟养龙有关系。黄帝的曾孙颛顼（上古"五帝"之一）有一个叫董父的后裔（己姓），董父最擅长的技能就是养龙。舜帝任命他为豢龙氏，让他专门养龙。他调教的龙，会各种舞蹈动作，因此舜帝很高兴，就封董父为鬷川侯（封地在今山东定陶），并赐姓董。

汉字解读

"董"字，带草字头，本义是一种植物，或指植物的根。在古代，"董"有监督管理的意思，如"董正"，就是监督纠正。此外，"董"还有守正之意，如"董道"，就是守正道。

我们是这么来的

源于己姓

我是上古部落联盟首领，是黄帝的曾孙颛顼，我的己姓子孙中有两支发展为董姓。

我是颛顼的后裔，也是己姓子孙，名叫叔安，因被封在飂（liù）（在今河南唐河县），也被称为飂叔安。

我是飂国国君的儿子，姓己名董父。因善于养龙，被舜帝赐姓董（封地在今山东定陶），后世子孙就都改姓董了，并成为董氏正宗。

我也是颛顼的后裔陆终，父亲是火神吴回，封地在陆乡（今山东平原）。我的一支子孙也加入了董姓的队伍。

我是陆终的儿子，名叫参胡，因我住在董地（今山东濮城），后世子孙便以居住地为姓，改为董氏了。

••• 源于妘姓 •••

我是周朝大夫，妘姓辛氏，名有，我的子孙也发展为董姓的一支。

我们是辛有的儿子，在晋国任董督一职，就是负责考察和收藏晋国的典籍史册，相当于太史令。子孙世代担任这一官职，后来便以官名"董"为姓了。

••• 源于地名 •••

我们是汉朝百姓，住在一块叫董泽（今山西运城）的湿地，周围都是湖泊，湖里盛产莲藕，也叫"董菜"。而我们就以地名为姓，成为董氏家族的成员。

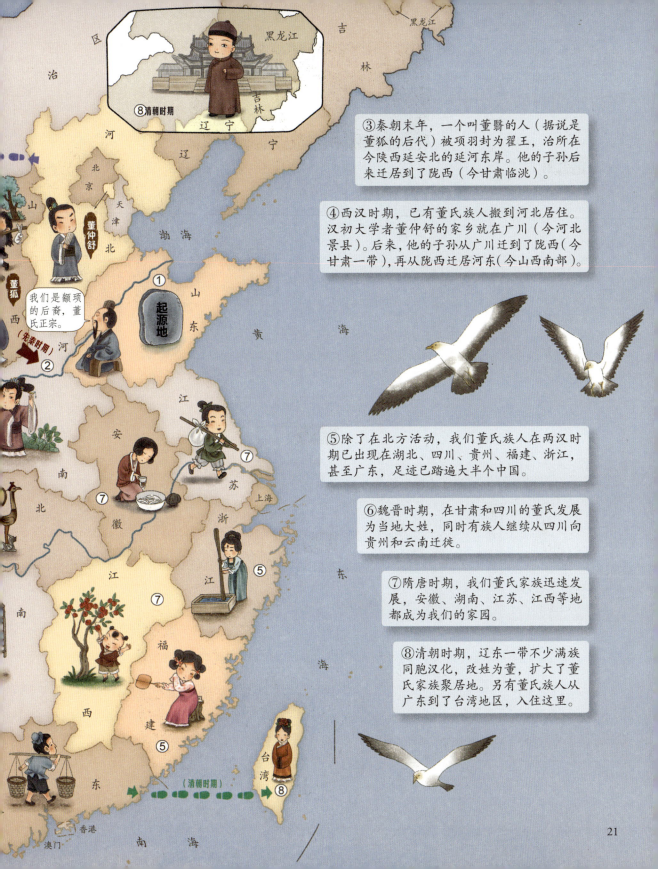

我们家的名人簿

两汉

董仲舒： 西汉大儒，政治家、思想家。他提出"天人感应""大一统"等学说，汉武帝采纳了他"罢黜百家，独尊儒术"的建议，从此儒学成为我国古代社会的正统思想，影响长达2000多年。

董宣： 东汉名臣。他出生于河南陈留，是个非常正直、不畏权贵的人。在洛阳做县令时，光武帝的姐姐湖阳公主家有个奴仆，仗着公主的势力杀了人，董宣为了捉拿他，直接拦住了公主的马车，并就地处决了这个奴仆。湖阳公主感觉丢了面子，跑到皇帝面前哭诉，光武帝就让董宣给公主认错，但董宣坚决不低头，即使有人按着他的头，他也硬挺着脖子不肯认罪。光武帝被他这种不屈的精神打动，便赦免了他的罪，并称他为"强项令"，京城里的权贵也因此很害怕他，称他为"卧虎"。

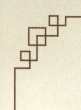
董仲舒

三国

董允： 蜀汉大臣。他与父亲董和都是蜀汉著名贤臣，为人正直，淡泊名利。为官期间，他常常规谏后主刘禅，治理地方也政绩突出，并在诸葛亮去世后护国护主，维护了蜀汉政局的稳定。

五代

董源： 五代南唐画家。他特别擅长画山水，尤其喜画江南景色，开创了"披麻皴"这种画法，是南派山水画的开山鼻祖。此外，他还擅长画牛、虎以及人物。传世作品有《夏景山口待渡图》《潇湘图》《夏山图》。

董宣

我们家的丰功伟绩

医者仁心，留下"杏林春暖"

医学界常被称呼为"杏林"，名医也被称为"杏林高手"。那么"杏林"这个称呼是怎么来的呢？这源自我们董氏家族的一位名医——董奉。

董奉生活在三国时期，家住福建福州的一个小村落。他少年时学医，曾做过小官，后来辞官归隐，在村里行医救人。他不仅医术高超，更有一片仁心，凡是来看病的人都不收钱物，只需要痊愈的重病患者在山中种5棵杏树，病情较轻的种1棵。久而久之，他居住的山中已有万株杏树，形成一片杏林。每年夏季杏子熟时，董奉便把这些杏子存放在树下的草房子里，如果有人需要杏子，可以拿谷子来交换。而换得的谷子，董奉也不私藏，都拿去赈济灾民，或者供给过往的旅客食用。正因为这一片杏林，救活了无数人，也温暖了无数人，因此人们都称之为"杏林春暖"。再后来，"杏林"也就成为医学界的代名词。

董奉一生悬壶济世，治病救人，从不求名求利，他的医德医术都受后人尊敬。人们把他与华佗、张仲景并称为"建安三神医"。

你不知道的姓氏趣闻

在现代，除了我们萧氏家族，还有一大批人姓肖。萧姓与肖姓是否同宗呢？其实，这两个姓都是比较古老的姓氏，但汉代之后，肖姓在史册记载中几乎失去踪迹。到了中华人民共和国成立后，很多人认为"肖"就是"萧"的简化字，在给萧姓人办身份证、户口登记等的时候，就顺手把"萧"写成了"肖"。所以近十年，涌现出一大批肖姓。也就是说，现在好多肖姓人都是我们萧氏家族的成员。

姓氏小档案

姓氏始祖：萧叔大心
全国姓氏排名：30
百家姓排名：第九十九
姓氏属性：子姓、嬴姓、改姓、赐姓

爷爷，我姓肖。

嗯，咱们以前可能还是一家。

🔊 汉字解读

"萧"，本义是一种艾蒿。现在常作形容词用，表示萧条、荒凉之意，如秋风萧瑟。另外，"萧萧"，表示萧索的风声。

我们是这么来的

源于嬴姓

我是伯益，来自东夷部落，因助大禹治水有功，被赐嬴姓。我曾掌管火种，还创造了驯鸟术和驯兽术等。我的子孙中有一支发展为萧姓。

伯益

我是伯益的后裔孟亏，因先祖的功绩被封在萧地（今安徽萧县西北），建立了萧国，后代便以国名为姓了。

孟亏

源于子姓

我是正宗商王室成员,商纣王的兄长,子姓,后世称微子启,也是宋国开国始祖。在周代,我的一支子孙发展为萧姓。

我是微子启的后裔,宋国萧邑大夫萧叔大心,因平定内乱有功,宋国国君将萧邑升级为萧国(宋的附属国)并封给了我。后来,我的子孙便以萧为姓,成为萧氏正宗。

源于赐姓或改姓

我们属于契丹族里的拔里部和乙室部,辽太祖(耶律阿保机)希望我们像汉代丞相萧何那样辅佐他,便都给我们赐姓萧。后来,我们萧氏成为契丹中的大族。

我是宋朝的将军钟达,因被奸人所害,被抄斩九族。我有3个儿子死里逃生,他们分别改为萧姓和叶姓。

我是北方道教分支——太一教的教主萧抱珍,注重符箓法术,我的弟子教众们都改了我的姓氏,成为萧姓成员。

我们都去了哪儿

① 我们萧姓起源于安徽萧县，也就是古萧国的位置，祖先们最早就在那里繁衍生息。

② 先秦时期，随着萧国的灭亡，我们萧姓子民从安徽分别迁到了山东、河南、湖北和江苏等地，并且在江苏发展兴旺。

我们家的名人簿

萧望之

西汉

萧何：西汉政治家。秦朝末年，他追随刘邦起义，刘邦攻克咸阳后，他留守关中，巩固后方，为刘邦不断提供兵力和粮食支援。他还重新制定法律法规，保护前朝文化，为汉朝的建立和政权巩固立下汗马功劳。

萧望之：西汉大臣。政治上，他辅佐宣帝和元帝两朝，曾反对霍光专权，建议与乌孙国和亲等。文化上，他主要研学《齐诗》，还是《鲁论语》的传人。

南北朝

萧思话：南朝宋官员。他年少时便博览群书，且精通音律，善于骑射，18岁便入朝为官，得宋武帝称赞为栋梁之材。他曾率军平定汉中，讨伐北魏。

萧道成：南齐开国皇帝。南齐建立后，他励精图治，革除暴政，兴办教育，大兴节俭之风，让百姓休养生息。此外，他还喜爱围棋，著《齐高棋图》，是第一位留下围棋著作的皇帝。

萧统：南朝梁太子。他是梁武帝的长子，11岁便被立为太子。他喜好读书，有很高的文学造诣，是萧氏皇族出类拔萃的人物。他有许多藏书，还结交了一大批文人。他主持编撰了我国最早的文章总集《文选》，史称《昭明文选》。在主持朝政时，他不但断案精准，且以宽厚之心减轻刑罚，深得百姓臣服。生活上，他十分节俭，将省下来的钱去救济难民，对平民百姓也十分体恤。他是一位心怀天下的太子，可惜英年早逝，后世称他为昭明太子。如今，在湖北襄樊仍建有纪念他的昭明台。

萧统

隋唐

萧瑀：唐朝宰相。他原为南梁皇室后裔，也是隋朝的皇亲国戚。他为人耿直，曾直言进谏隋炀帝。李渊建唐后，他归顺大唐，封宋国公。唐太宗时，萧瑀曾六次拜相，是凌烟阁上第九位功臣。

汉字演变
萧 萧 萧
篆文 隶书 楷书

我们家的丰功伟绩

建立南梁王朝

昭明太子是一位在史册上留下美名的太子,其实,他的父亲萧衍也是位非常传奇的皇帝。萧衍就是梁武帝,是他一手建立了南梁王朝。

萧衍出身于兰陵萧氏,从小就很聪明,喜欢读书,是个博学多才的少年,与当时的文化名人沈约、谢朓、范云等人齐名。在朝代更迭频繁的南朝时代,他起初是南齐的官员,凭借讨伐北魏,在朝廷站稳脚跟,并逐渐掌握朝政大权。后来,他效法齐太祖萧道成,从萧道成的子孙手里接过权力大棒,建立了南梁王朝。

做了皇帝后,梁武帝开始勤于政务,每天五更就起床批改奏章,冬天天冷,经常把手都冻坏了。不仅如此,他还广开言路,听取文武百官和平民百姓的批评和建议,最大限度地任用人才,发挥他们的才能。他非常节俭,从不讲究吃穿,衣服洗过多次也还照样穿,饭菜也只是蔬菜和豆类,常常一顶帽子戴三年。所以,在他的统治下,梁朝变得富庶起来。不过,他晚年笃信佛教,几次去出家当和尚,大臣们没有办法,只好几次将他从寺庙里迎接回来。在他的推动下,当时的佛教盛行,到处兴建寺院。

梁武帝本人很有才学,曾主持编修过600卷《通史》。他还将儒家的"礼"、道家的"无"和佛家的"因果报应"结合在一起,提出一种新的学说,叫"三教同元"说,这对当时的国民思想产生了深远的影响。梁武帝在位48年,是南朝在位时间最长的皇帝,也是一位深刻影响中华文化的皇帝。

> 不能歇啊,我得做一个勤政的好皇帝呀。

> 陛下,您歇歇吧。

你不知道的姓氏趣闻

相传，我们程姓的远祖是颛顼的后人重和黎。颛顼让重负责祭祀天上的众神，让黎来负责管理土地和人。重和黎都担任"火正"一职，也就是传说中的火神，他们的子孙世代负责管理火种，并在商朝时期建立了程国（今河南洛阳市东），其后代就以国名为姓了。

我火神的后代以国名为姓。

🔊 汉字解读

"程"，本义是程品、长度等级。十根毛发并列的宽度为一程，十程为一分，十分则为一寸。左边"禾"表示庄稼，右边"呈"表示上报，合在一起的意思就是称量收成谷物并上报。在现代，"程"常用来表示规矩、法式或进程等。

我们是这么来的

源于风姓

我们是颛顼的后代重和黎，也是远古的火神，属于风姓，是传说中程姓的先祖。

相传，我也可能是天帝少昊的儿子，属于东夷部落。我的双重身份传说正说明了华夏族与东夷族的融合。

 黎

 重

我是风姓首领，太昊伏羲的后裔风后，也是黄帝的得力助手，曾造出指南车，助黄帝战胜蚩尤。我也是程姓的祖先。

风后

我是重和黎的后裔，因祖辈而承袭担任了"火正"的职务，被商王封在程地，建立程国，世称程伯。

程伯

休父

我是程国不知第几代君主休父，因征伐淮夷有功，奉周宣王之命到都城做大司马，封地改在咸阳附近的程邑，后来子孙就以程为姓了。

••• 源于姬姓 •••

我是周文王的第17个儿子郇（xún）侯，我的子孙也有一支发展为程姓。

我是郇侯的后裔，我的先祖在晋国发展为显赫的卿族，改称荀氏。我取名荀骓，作为荀氏子孙，得到封地程邑，我的子孙便以邑名为姓，成为程姓的一支。

郇侯

荀骓

我们都去了哪儿

① 我们程姓的祖先最早在河南洛阳和陕西咸阳生活，这两个地方就是我们的起源地。

② 春秋时期，另一支姬姓荀氏的成员也加入进来，成为我们大家族的一部分，这部分族人在晋国（今山西南部）繁衍生息，并迁往山东齐鲁大地和河北邯郸。

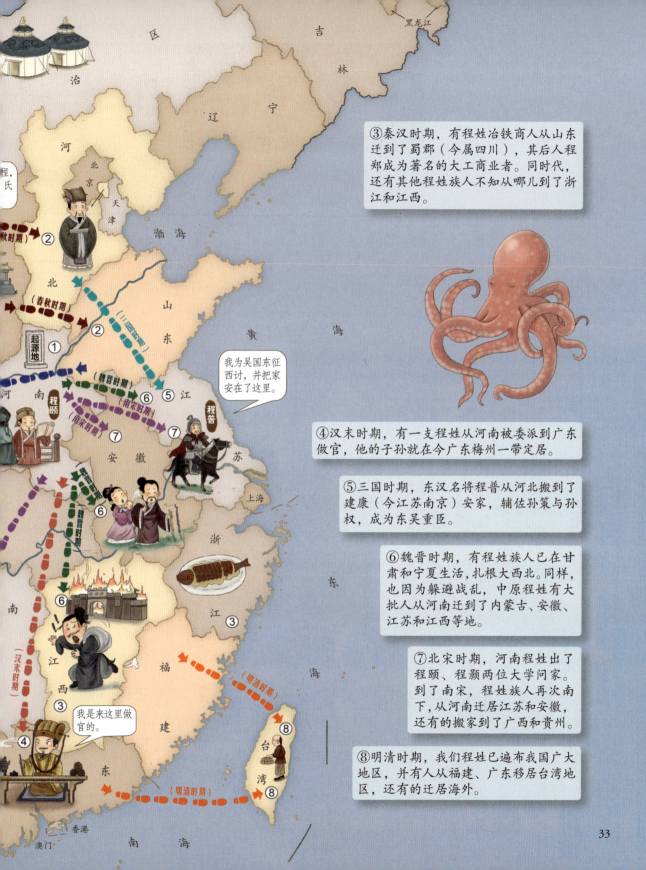

我们家的名人簿

程咬金

秦

程邈：秦代书法家，也是隶书的创造者。相传，他因得罪秦始皇而被关进监狱，在狱中钻研书法10年，将篆文改为书写方便的隶书。隶书的出现，使文化得到更广泛的传播和发展，也使汉字得以定型，贡献极大。

汉

程不识：西汉名将。他治军非常严谨，将军队人数按编制分，职责明确，纪律严明。他的军队以步兵为主，虽然行军慢，却是坚实的后盾，出战时总是人不解甲、马不卸鞍，总能打胜仗。

唐

程咬金：唐朝开国大将。隋朝末年，到处有盗贼危害乡里，他便组织了一支武装队伍，保护乡民。后来他归顺大唐李世民帐下，多次建立战功，曾击退突厥军马，是凌烟阁上第19位功臣。

宋

程颢、程颐：北宋著名的大教育家、理学家。他们是兄弟二人，哥哥程颢，弟弟程颐，父辈和祖辈都在朝廷做官。兄弟二人同时拜在大学者周敦颐的门下学习儒学，后来二人在洛阳开创了"洛学"，为理学奠定了基础。他们在政治上反对王安石变法，在学术上以"穷理"为主，认为"理"是天地万物的起源。兄弟二人在洛阳长期讲学，有许多门生和弟子。他们的思想，被南宋学者朱熹继承并发展，演变为程朱理学，影响了后世几百年的社会意识形态。他们二人也被世人敬仰，并称"二程"。

清

程长庚：清代京剧表演艺术家。他既是徽班领袖，也是京剧的鼻祖。他出身徽班，擅长唱文武老生，与父亲进北京后，在京城崭露头角，为京剧的形成做出了重要贡献。

程颢　程颐

我们家的丰功伟绩

忍辱负重救遗孤

春秋时期,晋国有一个不同寻常的孤儿,称赵氏孤儿。这个赵氏孤儿能在家族被灭的情况下存活下来,全仰仗了我们程姓家族的一位义士的相助。

赵氏是晋国非常有名的家族,家主赵衰、赵盾曾辅佐数位晋国国君,成为权倾朝野的大臣。但到了晋景公的时候,因为各种政治原因,赵氏家族衰落,并遭到政敌屠岸贾的打压与屠杀。赵盾与儿子赵朔都死了,只剩下赵朔的妻子和肚子里的孩子。赵朔有个好友叫程婴,为了保住赵氏家族唯一的血脉,程婴在赵朔的妻子生下孩子后,用自己的孩子谎称是赵氏孤儿。这时,另一位义士公孙杵臼带着假的赵氏孤儿,也就是程婴自己的孩子藏了起来。而程婴假扮坏人,故意去告发此事,一心想杀掉赵氏孤儿的屠岸贾信以为真,将假的赵氏孤儿杀掉了。公孙杵臼为了保护程婴和真的赵氏孤儿,假意大骂程婴,然后自杀而亡。

风波平息后,程婴忍辱负重,独自抚养赵氏孤儿,给他取名赵武。赵武长大成人后,得到将军韩厥的帮助,重新认祖归宗,承继了赵氏一脉。程婴感到自己已经完成了任务,为了对得起死去的好友公孙杵臼和自己的孩子,他结束了自己的生命。

后人将程婴和公孙杵臼舍己救人的事迹编成戏剧,搬上舞台,广为传颂。

你不知道的姓氏趣闻

我们曹姓的老祖先也是颛顼。颛顼有个子孙叫吴回,担任了"火正"一职,也就是祝融。吴回的儿子陆终又生了六个儿子,其中五儿子名安,因为帮助大禹治水有功,被大禹封为曹官。曹官就是看守奴隶的监狱官。当时,镇压奴隶可是一项重要工作,所以曹官可不是个小官。后来安和他的子孙就以官名为姓,改姓曹了。

姓氏小档案

🔊 汉字解读

"曹",本义指粮草、饲料。后来引申为"吃粮食的人"、庶人(平民)、庶务等。在古代,"两曹"指案件中的原告和被告。"曹"也指官署部门或官职名称。

我是曹官,专门看守奴隶的。

我们是这么来的

源于官名

我是颛顼的后裔,祝融吴回的儿子陆终。我娶了鬼方氏的女儿为妻,生了六个儿子,其中一个儿子发展了曹姓一脉。

我是陆终的第五个儿子,名安,因为助大禹治水有功被封为曹官,从此改为曹姓。

我是曹安的后裔曹挟，被周武王封在邾地，建立邾国（今山东境内）。后来邾国被灭后，一部分子孙改姓了朱，一部分子孙仍姓曹。

源于姬姓

我是曹国末代君主曹伯阳，虽然我们曹国曾一度为西周大国，但到了春秋时期被宋国所灭。国亡后，后世子孙就以国名为姓了。

我是周武王的十三弟振铎，被哥哥武王封在曹邑，建立了曹国（今山东定陶西南）。后来，我的子孙发展为曹姓的一支。

源于古曹国

我们来自古曹国，祖先原是汉代月氏人，住在祁连山北昭武城（今甘肃临泽），被匈奴打败后，分为了9个姓氏（即昭武九姓），迁到了今乌兹别克斯坦一带，我们曹姓在那里建立了三个曹国。隋唐时，我们一部分人又回到中原，仍姓曹。

我们家的名人簿

春秋

曹刿：春秋鲁国将领。鲁庄公在位时，强大的齐国要来攻打鲁国，鲁庄公十分害怕，曹刿主动请求随军指挥战斗。在他的指挥下，鲁军打败齐军，取得长勺之战的胜利。

汉

曹参：西汉开国功臣。秦朝末年，他追随刘邦起义，打过很多胜仗。西汉建立后，他出任丞相，秉承萧何已制定的国策，休养生息，史称"萧规曹随"，为汉初的经济恢复打下了基础。

曹操：汉末政治家、军事家，也是文学家、书法家。东汉末年，天下大乱，他以天子的名义征战四方，最终统一北方，建立了曹魏政权。他还十分擅长诗文和书法，开创了建安文学。

明

曹鼐：明朝大臣。他为人豪爽，胸有大志，非常有才学，以状元之名进入官场，并逐步成为内阁大臣。他为官清廉、刚正，后来跟随明英宗出征攻打瓦剌军，在"土木堡之变"中为国牺牲。

清

曹雪芹：清代学者、文学家。他出身富贵人家，祖上世袭官职，祖父曹寅还曾是康熙皇帝的伴读和侍卫，深得康熙的宠信。所以，曹雪芹年少时过了一段极其富贵的生活。但是后来家道中落，曹家被抄家。曹雪芹随家人返回北京老宅，靠卖字画维持生活，甚至穷到全家人都只能喝粥的地步。经历了生活的巨大转折，曹雪芹看透世态炎凉，创作出一部非常伟大的文学作品——《红楼梦》。《红楼梦》描写了贾、史、王、薛四大家族的兴衰，描绘了古代社会百态，展现了真正的人性美与悲剧美。它是中国古典小说巅峰之作，也是中国封建社会的百科全书，为中华民族乃至世界留下了宝贵的精神财富。

我们家的丰功伟绩

七步吟成诗

曹操开创了建安文学,他自己文才卓著,两个儿子曹丕和曹植也非常有才学,世人称他们父子为"三曹"。其中,尤以曹植的文学才华最高。

曹植自幼聪慧,被父亲曹操寄予了厚望。曹操做了丞相后,又自封魏王,是汉末政权的实际掌权者。他的大儿子曹昂战死,二儿子曹丕和三儿子曹植都有望成为继承人。一开始,曹植的风头盖过哥哥曹丕,但他为人率性,生活中不拘小节,被父亲不喜。曹操最终还是立了曹丕做世子。曹丕继任魏王后,仍十分忌惮曹植,便对他起了杀心。但毕竟是自己的亲弟弟,曹丕一时下不了手,便给曹植出了个难题,让他走七步作出一首诗,如果他能在这么短的时间内作出诗来,便放过他。曹植才华横溢,面对哥哥的逼迫,内心悲伤,一步一吟,不仅七步之内作出一首诗,还作出一首名传千古的诗,这就是《七步诗》。"煮豆持作羹,漉菽以为汁。萁在釜下燃,豆在釜中泣。本自同根生,相煎何太急?"大意是豆萁和豆子本是同根而生的,却相互煎熬,这是多么令人难过的事情啊!他以此来比喻兄弟相残。曹丕听了这首诗,手足之情油然而生,便放过了曹植。

曹植一生作过很多首五言诗,并且成就很高。他的代表作有《洛神赋》《白马篇》《七哀诗》,都是传世佳作。南朝的谢灵运夸赞他说:"天下才有一石,曹子建独占八斗。"意思是说曹植的才华大概比天下大部分才子的才华全部加起来还要高,可见其才华之高,卓尔不群。

你不知道的姓氏趣闻

我们袁姓、陈姓和胡姓的老祖宗都是胡公满。胡公满是舜帝的后裔，妫姓，被周武王封在陈地，建立陈国，称陈胡公或胡公满。胡公满第十一世孙名诸，字伯爰。伯爰的孙子涛涂因功被赐封地阳夏邑（今河南太康），便以祖父的字为姓，称爰氏。在古代，爰字与袁、辕、榬、溒、援等字的读音相同，所以后来子孙就以这6个字为姓，出现了一姓有六字的姓氏奇观。

🔊 汉字解读

"袁"，本义与衣服有关，表示人类用来遮羞或保暖的穿着物，也表示像长衣的样子。现在，本义已基本消失，只作姓氏、地名用。

我们是这么来的

源于妫姓

我是舜帝的妫姓子孙，被周武王封在陈地，建立了陈国，人称胡公满。我的子孙中除了胡姓、陈姓等，还有发展为袁姓的。

我是胡公满的第十一世孙，名诸，字伯爰，我的孙子为纪念我改为爰氏。

我是伯爰的孙子爰涛涂，因功被陈国国君封在阳夏邑，并成为陈国卿士。我以祖父的字为姓，后世子孙便以爰、袁、辕、榬、溒、援为姓，并逐渐以袁为主流，成为袁氏正宗。

··· 源于姬姓 ···

我是黄帝，因为我们族人擅长制作大车辕，能驾车周游天下，所以称轩辕氏，而我们居住的地方，就叫轩辕丘，一部分族人后来发展为袁氏的一支。

我是轩辕氏人，我们将最初建立的根据地称为辕邑（今河南新郑），后简化为袁邑。一部分后世子孙便以邑名为姓，改为袁姓。他们后来迁往河北，成为河北袁氏。

··· 源于改姓 ···

我是明朝的官吏袁葵，在任山西洪洞县县令时遇到大灾荒，收养了几百个被遗弃的孩子。后来，这些孩子为了感念我的恩德，都随了我的袁姓。

我属于魏晋南北朝时期的高车族中的袁纥氏族，我和我的族人与汉族同胞融合，改为汉姓袁。

我们家的名人簿

汉

袁绍：东汉末年军阀。他出身名门，曾诛杀宦官，反对董卓专权，后拉起自己的队伍，统一了河北一带，成为势力最强的军阀。后来，在官渡之战中，被曹操打败。

隋唐

袁天罡：玄学家、天文学家。他擅长以风声、风向来判断吉凶。他曾写过许多相书、天文书、风水书等，有《五行相书》《易镜玄要》《推背图》等传世。

明

袁了凡：明朝思想家。他对天文、历法、数术、医学、农业、佛学等都有很深的研究，可以说是一位文理全才。他的家训《了凡四训》融会了道家、哲学与儒家理学，从家训演变为劝诫世人的训诫，影响深远。

袁崇焕：明末名将。他35岁才中进士，起初是一名县令。在做县令期间，他喜欢与人谈论兵法，遇到退伍的老兵，就向他们打探边塞的情况。久而久之，他便掌握了边塞的状况，具备了军事才能。后来，后金军（即后来的清军）进犯关外，袁崇焕独自去探查关外地形，他向朝廷提出："给我足够的钱粮，我一个人就能镇守山海关。"于是，朝廷给了他一笔钱款，让他去招兵买马。袁崇焕到了关外，用心经营辽东，先后取得宁远大捷和宁锦大捷，逼得皇太极（后来的清皇帝）大败而归。但是后来，多疑的崇祯帝中了敌人的反间计，认为袁崇焕通敌卖国，用极刑将他处死，自毁了前程。到了清朝乾隆年间，袁崇焕的冤屈才得到平反。

清

袁枚：清代著名学者。他为人随性洒脱，不愿受官场束缚，便干脆辞官，隐居在小仓山随园。他提倡性灵文学，即强调诗歌创作要直接抒发诗人的心灵，表达真情实感。他还广收弟子，提倡妇女创作，传世作品有《小仓山房文集》《随园诗话》等。

我们家的丰功伟绩

从状元到教授，古今第一人

清朝末年，我们袁姓家族出了一位特别的状元，名叫袁嘉谷。

袁嘉谷是云南人，课业优秀，学问渊博，他起初考中进士，做了翰林院编修。

1903年，在科举考试被正式废除之前，清政府举办了一次经济特科考试。这次考试和以往的科举考试不同，它以经世学问如何治理国家为主，注重学以致用，规格上高于普通科举考试。袁嘉谷参加了这次考试，并摘得状元桂冠，而云南省在他之前还从未有过状元。这是清政府唯一举办的一次经济特科考试，所以他也是历史上独一无二的经济特科状元。

辛亥革命爆发后，他回到家乡，做了图书馆馆长，等到云南省东陆大学（云南大学的前身）成立后，他又去做了国文教授。由于当时学校经费紧张，袁嘉谷甘愿不领薪水，免费教学八年，还给学校捐款办学。他讲学不拘一格，善于启发学生自主思维，执教十几年间，培养了李士厚、李乔、浦光宗、张希鲁等著名人才。

从清政府到民国，从状元到大学教授，袁嘉谷可是古今第一人。

邓

你不知道的姓氏趣闻

传说，黄帝时期有一个部落叫邓（或叫登），首领邓伯温带领族人加入中原部落联盟，成为黄帝的重要大臣。黄帝与蚩尤在涿鹿大战时，邓伯温发挥了重要作用。邓部落的人擅长制造乘石（登车用的垫脚石），所以部落名为登，后演化为邓。后来，这个部落的族人成为我们邓姓家族中最古老的一支。

姓氏小档案
邓
姓氏始祖 曼季
全国姓氏排名 34
百家姓排名 第一百八十
姓氏属性 古邓国 姒姓 子姓 改姓

我们族人擅长做登车的石头，由此有了姓氏邓。

汉字解读

"邓"，本字为"鄧"，在甲骨文中与"登"通用。在古代，"鄧"指古国名，即曼姓诸侯国。现在，"邓"主要作姓氏使用。

我们是这么来的

源于古邓国

我是邓部落的首领邓伯温，族人擅长做乘石。我们在今山东菏泽一带建立了邓国后便迁到今河南孟州。我们族人发展的邓姓距今已有5000多年了。

邓伯温

源于姒姓

我是上古时期的部落联盟首领，与尧帝、舜帝齐名，史称大禹。我姓姒，也是一部分邓姓的老祖先。

大禹

我是大禹的后人，也是第四代夏王，我将我的一个儿子封在了古邓国（今河南孟州西的古邓城）。

我是夏王的儿子，因封在古邓国而称邓君。我的子孙发展为邓姓的一支，距今有4000年了。

••• 源于子姓 •••

我是英明神武的商王武丁，子姓。我灭了姒姓邓国，然后将我的叔父曼季封在那里，并给他赐姓曼。

我是商王武丁的叔父曼季，原姓子，被封在邓国，并得赐姓曼，建立曼姓邓国。

我是曼季的后裔曼忠，也是邓侯。周武王灭商后，我们邓国南迁到湖北襄阳一带，一直绵延到春秋时期。邓国被楚国所灭后，我的子孙以国名为姓，发展为邓姓正宗。

••• 源于改姓 •••

我是五代时期南唐后主李煜的儿子李从镒，被父亲封为邓侯。南唐被宋灭亡后，我的子孙为了避祸，改邓为姓。

我们家的名人簿

汉

邓禹： 东汉开国名将。他与刘秀是好朋友。刘秀起兵后，他坚定追随刘秀，曾平定河西、关中，协助刘秀建立东汉政权。刘秀帐下有功绩卓著的云台二十八将，邓禹位列第一。

三国

邓芝： 蜀国名将。他做官清廉，政绩突出，赏罚分明，体贴士兵。曾奉命出使吴国，成功修复了蜀国与吴国的关系。他还曾平定涪陵叛乱，使百姓安居乐业。

邓艾： 魏国名将，军事家。他熟悉兵法，在治军、屯田上都很有方略。在攻打蜀国时，他率领魏军穿越七百里无人险境，出其不意地攻入成都，灭亡了蜀国。

元

邓牧： 元代思想家。他对佛教、道教、理学都持反对态度，自称"三教外人"。他曾大胆抨击封建专制制度，他的思想对清初的启蒙思想有很深的影响。

清

邓石如： 清代书法家、篆刻家。他自幼受祖父和父亲的影响，对书法和金石产生浓厚的兴趣，曾苦心钻研八年，临摹秦汉之后的各种金石善本，终成一代大家。他篆刻的作品被称为神品，也自称"邓派"。

邓世昌： 清末民族英雄。邓世昌是广东人，他的父亲非常开明，自幼将他送到教会学校学习英文等国外知识。洋务运动兴起后，邓世昌加入北洋舰队，成为军舰"致远"号的舰长。他有一颗强烈的爱国心，常对士兵们说："人都会死，但要死得其所。"1894年，清政府对日本正式宣战，北洋舰队与日本海军在黄海展开海战，史称"甲午海战"。在战斗中，邓世昌指挥"致远"号奋勇作战，在舰身遭受重创四处起火的情况下，他毅然驾驶军舰向敌舰撞去，准备与敌人同归于尽。最后，邓世昌与全舰官兵都壮烈殉国。甲午海战，清政府战败，北洋舰队也全军覆没，但邓世昌和那些为国捐躯的英雄都永远被后人铭记。

邓世昌

我们家的丰功伟绩

让法律走入寻常百姓家

春秋战国时期,是我国思想和文化非常灿烂的时期。这个时期,我们邓氏家族出了一位法家的先驱者,他就是郑国大夫邓析。

邓析是个思想非常开放的人,也是一位敢于向时代和权威挑战的人。当时,各个诸侯国奉行的国法准则是周公制定的周朝礼法。而邓析却反对"礼法"治国,主张以法治国。在郑国,主持国政的人将法律刻在鼎上,称"鼎刑"。对于平常百姓来说,是不可能看到"鼎刑"的,当然也就不懂法。邓析就自己私下制定了一套新的法律条文,刻在竹简上,称"竹刑"。"竹刑"流通起来方便多了,普通百姓都能看得到。邓析还主动当起了一个普法教育专家,专给寻常百姓普及法律知识,教他们知法懂法,并用法律维护自己的权益。谁家有官司要打,他就去给谁家做诉讼师,也就是现在我们所说的律师。他不仅善于法庭辩论,还将诉讼技巧教给百姓。

邓析的这些行为,让高高在上的刻在鼎上的法律,走入寻常百姓家,提高了大众的法律意识,也保护了平民的利益。他的行为促进了法律的传播,让法律走向大众,可以说开创了一个新时代。

他敢于冒天下之大不韪,私制"竹刑",他的勇气、胆魄和智慧,都值得我们后人尊敬。

许

你不知道的姓氏趣闻

传说，我们许姓的老祖宗是许由。许由是尧舜时期的大贤人，尧帝十分敬重他，想把部落联盟首领的位置让给他，许由得知后，便到箕山（今河南境内）隐居起来，以种田为生。尧帝想让许由做个大官，可许由还是不干。为了表明自己不想做官的决心，他干脆跑到水边去洗耳朵，表示不听。许由死后，尧帝封他为箕山公神。他的后代生活在箕山脚下，后迁到今河南许昌，成为许姓的一支。

姓氏小档案

- 姓氏始祖：许由、许文叔
- 全国姓氏排名：35
- 姓氏属性：姬姓、姜姓
- 百家姓排名：第二十

🔊 汉字解读

"许"，左边为"言"，与说话有关，表示听从、采纳。后来，"许"引申为期望的意思，也表示或者、可能。另外，在古代女方接受男方的求亲，称为"许配"。

我们是这么来的

源于姬姓

我是上古天帝颛顼（姬姓）的后裔，也是火神吴回的儿子陆终。我有6个儿子，他们发展了许多重要的姓氏（如黄姓、董姓等），其中有一支后裔发展为许姓。

我是陆终的大儿子，名叫樊。因被封在昆吾，所以称昆吾氏。许姓就是从我的子孙中发展而来的。

我是尧舜时期昆吾氏的首领许由，后来隐居在箕山。子孙以许为姓，后来迁居到今河南许昌一带。

许由

卫文公

我是春秋时期卫国国君，世称卫文公，先祖康叔是周文王的儿子，所以我们与周朝王族一样，也姓姬。后来，我的一支子孙发展为许姓。

姬其浒

我是卫文公的儿子，名其浒。曾担任卫国大司徒，帮父亲治理国家。后来，我的一部分子孙以我的名字"浒"为姓。因为在古代"许"与"浒"相通，所以也称许氏。

··· 源于姜姓 ···

在尧舜时期，有四方部落首领，称为"四岳"。我就是四岳首领之一，我们都是炎帝神农氏的后裔，姓姜。商朝末年，我们的族人助西周打败商纣王，得封许国（今河南许昌）。

许文叔

四岳首领之一

我是许国第一任国君许文叔。春秋时期，我们国家成为楚国的附属国，后来又被楚国所灭。国亡后，子孙便以国名为姓，成为许氏正宗。

我们家的名人簿

汉

许攸：汉末谋士。他本在袁绍帐下，后投奔了曹操，献上火烧袁绍军粮的妙计，帮助曹操在官渡之战中打败袁绍，奠定了曹操统一北方的基础。

许劭：汉末著名评论家。他非常喜欢评论当时的人物，而且每月评论一次，被称为"月旦评"。他曾评价曹操为"治世之能臣，乱世之枭雄"，这句话几乎成了曹操一生的定论。

唐

许浑：晚唐著名诗人。他的诗内容上以怀古诗、田园诗取胜，并且写"水"的诗最多，有"许浑千首湿"的称号。"溪云初起日沉阁，山雨欲来风满楼"是他的传世名句。

宋

许道宁：宋代画家。他擅长画山水、林木和雪景，行笔简快，画风苍劲悠远，有宋代大画家李成的遗风。他的传世作品有《秋江渔艇图》《关山密雪图》《秋山萧寺图》等。

元

许衡：元朝大臣，也是一位杰出的大学者。政治上，他主张实行汉法，以"仁政"来获得民心，这一国策的确立使社会得到了安定，生产得到了发展，也促进了民族融合。他还帮助制定官制和礼仪，稳定了元朝初年的政局。教育上，他不仅教汉族学生，还收了不少蒙古族子弟，因材施教，促进了汉、蒙文化的交流与发展。天文历法上，他和郭守敬等人共同制定了《授时历》，这是我国历史上使用时间最长的一部历法。他还创制了简仪、圭表等天文仪器，推算出一年为365.2425日。许衡多才多艺，在政治、教育、历法、文学、数学、哲学等方面都做出了卓越的成绩。他是一位百科全书式的人物，被称为"元朝一人"。

我们家的丰功伟绩

创作我国第一部字典

你知道我国第一部字典是什么吗？那我告诉你，它是我们许姓族人许慎编撰的《说文解字》。

许慎是东汉时期的人，他是当时有名的经学家、文学家和语言学家，也是我国文字学的开拓者。

他曾拜在经学大师贾逵门下学习，熟读各种经史典籍，也曾多年担任管理、校对图书和教授经学的学官。在校书过程中，他涉猎更加广泛，对典籍的理解也更加深刻。当时，一些人认为，用隶书书写的经典是不可更改、不可怀疑的。而许慎则认为，汉字从传说中的仓颉造字，到战国古文，到秦代小篆，再到汉代隶书，经历了一个漫长的过程，而当下的一些典籍对字义的解读有很多错漏，不够严谨。于是，他开始研究古汉字，以小篆为研究对象，前后花费近30年的时间，终著成了《说文解字》。

《说文解字》共收录了10516个汉字，540个部首，是我国第一部字典，也是世界上最早的字典之一。它系统地分析了汉字字形，并逐字解释了字体来源，是科学文字学和文献语言学的奠基之作。《说文解字》到底有多重要呢？简单来说，它是我们现代人研究古代语言文字的基础，没有这部著作，我们可能连古文都没办法顺畅地读下来。可见，许慎的研究和贡献是多么了不起，他也因此被称为"字圣"。

你不知道的姓氏趣闻

传说，商王武丁梦到自己将得到一位叫说（yuè）的圣人，帮助自己振兴王朝。武丁醒来后，马上派人四处寻找，最后在一个叫傅岩的地方，找到会版筑（古代修建墙体的技术）的说，并赐姓傅。傅说果然不负众望，做了宰相后，安邦治国，使商朝得到复兴。从此，傅说就成为我们傅姓普遍认同的祖先。

姓氏小档案

傅

全国姓氏排名 36

百家姓排名 第八十四

姓氏始祖：傅说

姓氏属性：地名、姬姓、官名

嗯，我喜欢这个姓。

既然您住的地方叫傅岩，您就姓傅吧。

🔊 汉字解读

"傅"，意为辅佐，也指传授知识的人。在古代，"傅"也是官职名，特指帝王的相或诸侯后代的老师，有太傅或太子太傅等。另外，"傅"古同"附"，表依附或附会的意思。

我们是这么来的

源于地名

我原是一名奴隶，会筑墙技术。后来，我做了商朝宰相，帮助商王朝再次强大起来。因为我原来的居住地叫傅岩（今山西平陆），因此得姓傅，取名傅说，我的子孙也成为傅姓正宗。

傅说

源于姬姓

我是黄帝的后裔大由，曾被封在傅邑（今山西平陆），建立了古傅国。后来，我的一部分后世子孙就以国名为姓，成为傅姓中古老的一支。

我也是黄帝的后裔，春秋末期赖国（今河南息县境内）的君主。我们是一个小国，后来被楚国所灭，一部分子孙和国人为了避难，改为傅姓。

源于官名

我是西周时期的官吏，称太傅，也就是君王、太子和王族子弟的老师。在后世的历朝历代中，也多有这个官职。我们的子孙有以我们官名为姓的，成为傅姓中的一支。

我也是西周时期的官员，称傅御，是辅佐王政的官员，大致与宰相的地位相同。我们的子孙中也有以祖辈官名为姓的，称傅姓。

我们家的名人簿

汉

傅介子：西汉大臣，也是一位出色的外交家。他曾出使大宛（古中亚国家），杀死与汉朝为敌的匈奴使者。楼兰王暗中勾结匈奴，他就到楼兰，杀了楼兰王，威慑西域，得封义阳侯。

魏晋

傅玄：魏晋时期著名的文学家、思想家。他擅长作乐府诗，还曾参与过史书《魏书》的撰写。在政治上他主张国家以民为本，在思想上他否定有神论，认为自然界是由"元气"构成。

宋

傅寅：南宋学者。他十分好学，对天文、地理、学校、律历等都有研究。即便名气很大，他也谦虚待人，从不摆架子，常为乡民排忧解难。他一生都没做官，因为在杏溪讲学，被称为"杏溪先生"。

明清

傅山：明清时期著名思想家、书法家。他出生于官宦之家，自幼受到严格的家庭教育，不仅学识渊博，而且为人重气节。明朝灭亡后，他曾参加抗清活动，被清兵抓住后，遭到严刑拷打，绝食九天也没有投降，保持了坚贞的民族气节。后来，他被人从监狱里救出，便隐居起来。康熙皇帝很欣赏他的才学，想让他做官，他坚决推辞。傅山在诗文、书画、金石考据等方面都有很高的成就，他的书法自成一体，尤其擅长草书。除此之外，他还是个出色的医生，擅长内科、外科、妇科、儿科等，对于病人，他都一视同仁，不分贵贱贫富，被当时的人称为"医圣"。

傅善祥：历史上唯一的女状元。清朝末年，洪秀全等人发动了太平天国运动，在起义期间举行了女性科举，傅善祥参加考试，成为当时的女状元，甚至当上了义军的丞相。任职期间，她提出了男女平等、禁食鸦片、禁止女性裹脚等倡议。

我们家的丰功伟绩

刚直不阿，创立杜门书院

在现在的浙江义乌大陈镇，有一座鼎鼎有名的古迹院落，叫杜门书院，同时也是"傅氏宗祠"。它最早建于600多年前，是我们明代的傅姓族人傅藻修建的。

傅藻是一位大学者。小时候读私塾，傅藻的记忆力和阅读能力特别强，有过目不忘的本领，人称"小神童"。后来，他又拜在大文豪黄溍门下学习，成为学识渊博的人。明朝建立后，傅藻以才子之名被义乌县令推荐给朝廷，从此进入官场。他做官刚直不阿、不畏权贵，做监察御史时，被派往各地体察民情。他行走了六七千里路，把沿途那些为非作歹的人都绳之以法，还把所见所闻写成20多篇文章，并提出当时的社会弊病。有人劝他说："国家又不是你一个人的，何必写这些去得罪皇帝呢？"但傅藻坚持把所有文章都呈给皇帝朱元璋。幸好，朱元璋没有责怪他，反倒夸赞他实事求是、秉直刚正。

后来，傅藻辞官回到家乡，修建了书院，教授学生。因为怕人来打扰，他将书院起名为杜门书院。"杜门"，就是闭门谢客的意思。从此，他一心教学，不问世事，直到去世。如今的杜门书院，是在乾隆年间重新修建的，这处古迹布局精巧，风格清雅，好似在彰显傅藻的品格。

你不知道的姓氏趣闻

2500年前，我们沈姓和冉姓可是一家。这是怎么回事呢？原来，早在周朝初年，周文王的第十个儿子季载因平叛有功，被封在冉国（今河南平舆北）。那时候，"冉"和"沈"同音，所以，冉国也就是沈国。到了春秋时期，沈国（冉国）被蔡国灭亡，季载的子孙逃亡，以国名为姓，一部分人姓了冉，一部分人姓了沈。

🔊 **汉字解读**

"沈"，《说文解字》中解释为山丘上的积水。而在甲骨文中，其形态很像把一头牛投入河中，是对河神的献祭动作。所以，在古代"沈"与"沉"相通，表示沉没。此外，沈也是西周时期诸侯国名。

我们是这么来的

源于嬴姓

我是传说中的少昊金天氏，是西方之帝，也是早期东夷部落的首领。我们这支部落是嬴姓，但我的子孙中有人发展为沈姓。

我是少昊的后裔台骀，因治水有功被封在汾川（今汾河流域），后代建立了沈国。我们嬴姓沈国历经夏、商、周三朝，也经历过被灭与复立，并辗转到了河南。国人后来以沈为姓，距今已有4500多年的历史了。

源于姬姓

我是文王的儿子季载，姬姓，因为平定叛乱有功，被侄子周成王封在沈地（今河南省平舆北）。我的国家被蔡国灭亡后，子孙以国名为姓，成为沈姓正宗。

季载

我是西周时期蒋国（今河南固始）国君的儿子，我的祖先是周公姬旦。我的封地同样是在河南固始的沈地，我建立了姬姓沈子国，成为国君。后来，我的子孙以沈为姓。

姬姓沈子国君一

我是鲁炀公的孙子，姬姓，因为父亲征战有功，我也得到一块封地沈丘集（今安徽省阜阳市临泉县），建立了另一个姬姓沈子国。后来国亡后，子孙也以沈为姓。

姬姓沈子国君二

源于芈姓

我是鼎鼎有名的楚庄王，春秋五霸之一。我们国家灭了两个姬姓沈子国，从此子孙也发展了沈姓的一支。

楚庄王

我是楚庄王的儿子，人称公子贞。被父亲封在沈邑（今河南平舆南），后来我的后代也以沈为姓。

公子贞

我是楚国令尹（楚国当时最大的官）孙叔敖的儿子，原姓芈，被楚庄王封在河南固始的沈地，后代便以沈为姓。

孙叔敖之子

我们都去了哪儿

①我们沈姓家族最早起源于古沈国（今河南、安徽交界一带），那里是我们根的所在。

②春秋战国时期，我们沈姓还从河南和安徽迁到了湖北，将湖北发展为居住地。此外，山西、陕西、甘肃、四川等地都有了我们沈姓的足迹哟。

⑥宋朝时期

我们家的名人簿

南北朝

沈约：南朝梁政治家，也是当时的文坛领袖。他作诗注重声律和对仗，首创了汉字的"四声"（即平、上、去、入）法，对推动诗歌规范化发展做出了重要贡献，也开辟了韵文创作的新境界。

唐朝

沈既济：唐代小说家、史学家。他不仅擅长写小说，对史学也很有研究。他的作品《枕中记》《任氏传》问世后，标志着唐传奇创作进入全盛时期，对后世文学有着深远的影响。其中《枕中记》中讲的故事，是成语"一枕黄粱"的来源。

宋朝

沈括：北宋政治家，更是一位伟大的科学家。他曾参与王安石变法，也曾带兵守在边关，抵御西夏敌兵。沈括一生最大的贡献，在于科学研究，他在数学、物理、天文、地理等很多科学领域都取得了突出的成就。比如，他用实验证明了磁针"能指南，然常微偏东"的现象，这比哥伦布横跨大西洋时观测到这一现象要早四百多年。化学上，他发明了一种炼铜法，还第一次提出了"石油"这个科学名词。他还改进了浑天仪（一种测量天体方位的仪器），改革了历法，甚至编绘了一套内容详尽的天下地图。此外，他在水利、医药、军事等方面也取得了独特的成就。可以说，沈括是那个时代一位了不起的人物。他的著作《梦溪笔谈》囊括了他各方面的研究与成果，这本著作至今在世界文化史上仍占据重要的地位。

明

沈周：明代书画大家。他一生追求自由，不爱做官，只爱吟诗作画。他开创了明代中期文人画中的"吴派"，与文徵明、唐寅、仇英并称为"明四家"。他的传世作品有《庐山高图》《秋林话旧图》《沧州趣图》。

清

沈德潜：清代诗人、学者。他67岁才考中进士，乾隆皇帝喜欢他的诗才，称他为"江南老名士"。在诗论上，他提倡"格调"，主张诗歌创作要有益于温柔敦厚的教化。

我们家的丰功伟绩

缔造江南第一富

　　元末明初时,我们沈家出了一位大富翁,而且是留名于史书上的江南第一富——沈万三。

　　沈万三的一生充满传奇色彩,在民间留下许多传说。相传,一开始沈万三是靠在周庄(今属江苏苏州)种地发家致富的。有了第一笔资金,他就开始做生意。他很有经商头脑,再加上当时的元朝比较重视商业,所以生意做起来很顺利。他的生意越做越大,陆续开了粮铺、酒楼、当铺、银号等,成为当地有名的大商人。但这些并不够,他又开始做海外贸易,将中国的丝绸、瓷器等卖往海外,又从海外运回名贵木材。正是这些海外贸易让沈万三赚取了富可敌国的财富,成为江南第一豪富,"万三"这个名字就是人们送给他的巨富的别称。

　　沈万三有了钱之后,广建田宅,并着力修建周庄。周庄能从一个村落成为小镇,并成为当今著名的"江南第一水乡",沈万三可谓功不可没。他成为富豪之后,人们都说他有一个聚宝盆,聚敛了天下财富。因为太富有了,连皇帝都眼红。据说朱元璋(明太祖)建立明朝后,修建南京城时,因为缺钱,还让沈万三资助,相传三分之一的南京城都是他出钱修建的。不过,也有人考证说这是误传。不管如何,沈万三曾富甲一方却是事实,他传奇的一生也常为后人称道。

你不知道的姓氏趣闻

我们曾姓来自大禹部落中一支发明甑的部落。而甑是一种蒸食物的炊具。曾姓的"曾"字，最初代表的就是这种炊具。后来，大禹的儿子启建立了夏朝，夏王少康将他的一个儿子封为子爵，封地就叫甑（今山东临沂市境内），并在这里建立了鄫国，他的子孙就改姓了曾。我们曾姓基本都出自这一支，有"天下无二曾"的说法。

🔊 汉字解读

"曾"，是"甑"的初字，本义是蒸饭用的炊具。后来，曾被作为虚词使用，表示舒缓语气。现在，曾有两个读音。读céng，表示从前经历过，如"曾经"。读zēng，表示中间隔两代的亲属关系，如"曾祖父"。

我们是这么来的

源于姒姓

我是大禹，上古时期部落联盟首领。我的父亲名鲧，也是黄帝后裔，相传母亲梦到吃薏苡而生了我，所以我得赐姓姒。

我是大禹的儿子启，我通过征战结束禅让制（一种推举贤才做部落首领的制度），建立了我国历史上第一个奴隶王朝——夏朝，人称夏后氏。

我是启的后裔,名少康,第六代夏王。我将我的儿子曲烈封在了鄫(今山东临沂市境内),赐予子爵的爵位。曾姓就出自他这一支。

我是曲烈的后裔,也是鄫国的太子。我们鄫国历经了夏、商、周三个朝代,到了春秋时期被莒国所灭。我怀着亡国之痛逃到了鲁国,我的后代为了纪念故国,去掉姓氏中"阝"旁,改姓了曾。

源于少数民族改姓

我们属于少数民族,和布依族、满族、苗族等兄弟民族一样,在汉化过程中都有一些人改姓曾。我们改姓的这些人中,大部分人的父亲是汉族。

我们都去了哪儿

① 我们曾姓最主要的一支起源于古鄫国（都城在今山东兰陵）。春秋时期，鄫国灭亡后，太子巫逃亡到鲁国（都城在今山东曲阜）。我们基本都出自太子巫一脉，名副其实的4000年前是一家。

② 先秦时期，我们曾姓主要在山东境内生活，还有不少人搬家到了河北。

我们家的名人簿

春秋

曾点： 春秋时期鲁国人。他与儿子曾参都拜在孔子门下，学习儒家学说。他希望能建立社会安定、国家自主、百姓安居乐业的世界。他性格豪放、行为不拘小节，有"鲁国狂士"的称号。

曾参： 儒家学派代表，孔子思想的传播者。曾参16岁就拜孔子为老师，学习儒学。他把学到的思想、学识传给了子思（孔子的孙子），子思又传给了孟子。所以，他在儒学文化中起到了承上启下的作用。曾参曾提出"修身、齐家、治国、平天下"的政治主张，提出以孝为本的孝道观，这些都影响了我们中国文化几千年。他自己非常孝顺父母，为了侍奉父母而不去做官。他对待老师也十分尊重，当孔子要给他讲道理时，他马上从席子上站起来，走到席子外面，恭恭敬敬地听老师讲话，这就是"避席"的故事。他在去世前，想到自己并不是大夫，而铺的席子却很华丽，不符合礼法，就让家人撤了。曾参一生都在积极践行和传播儒学思想，不仅参与整理编辑了《论语》，还著作了另一部儒家经典《大学》。他被时人敬称"曾子"，被后世尊奉为"宗圣"。

五代十国

曾芳： 五代时期南唐官吏。他在担任程乡县令时，当地瘟疫流行，他就将药撒入每口井中，百姓喝了井水，病就慢慢好了，后来那口井被称为"曾井"。到了宋代，皇帝给这口井题词"曾氏忠孝泉"。

曾几： 南宋诗人。他推动了江西诗派的发展。他的诗风格活泼，语言轻快，咏人咏物都很形象、生动，代表作有《赠空上人》《三衢道中》《南山除夜》等。

两宋

曾巩： 北宋政治家和文学家。他做官勤于公务，关心百姓疾苦，曾处置地方恶霸，减轻百姓赋税，解决灾荒问题等，一生政绩非常突出。他还是新古文运动的骨干，提倡写文章要讲明道理，文学成就很高，是"唐宋八大家"之一。

明

曾鲸： 明代画家。他在绘画中善于汲取西洋画法，层层烘染，使画作呈现极强的立体感。他画人物常能抓住最动人处，有很多人跟他学画，并形成"波臣派"。

我们家的丰功伟绩

智断鸡蛋案

清朝晚期,我们曾姓家族出了一位大政治家、大文学家,他就是曾国藩。

曾国藩是晚清时期的著名大臣,他做出的成就有很多。在他的倡议下,清政府建造了中国第一艘轮船,建立了第一所兵工学堂,印刷翻译了第一批西方书籍,安排了第一批赴美留学生等。可以说,他是我国近代化建设的开拓者。

曾国藩自幼勤奋好学,聪慧过人,他幼时就发生过一件趣事。他出身地主家庭,家里兄妹九人,他是长子。有一次放学回家,父亲说:"家里给你们煮了鸡蛋,每人一个,现在少了一个。不知道谁偷吃了,你快帮你母亲查一查吧。"小曾国藩想了一会儿说:"这个好说,我有办法。"然后,他端来一个盆,又倒了几杯茶,把家里的人都叫到一起,让每人都喝一口茶,再吐到盆里。他站在旁边仔细观察,结果有个仆人吐出的茶水里夹着鸡蛋黄的粉末,证实就是他偷吃了鸡蛋。他的父亲很高兴,通过这件事说明幼年的曾国藩有断案的智慧。

他一生受儒家思想影响,修身律己,廉洁奉公。他每日写日记,对自己的言行进行反省。他留下的《曾国藩全书》,对后世的为官治世、修身齐家、教育子女等都具有深远的意义。

你不知道的姓氏趣闻

远古时期，在尧做部落联盟首领的时候，颛顼的后裔篯铿被尧封在彭城（今江苏徐州），建立了大彭国，篯铿就被称为彭祖。彭祖在我国文化历史中可是非常有名的，他是我国中华饮食和气功的祖师爷，还是一位长寿冠军，传说他活了八百岁。而我们彭姓就是从彭国发展来的，同时发展的还有钱姓。所以我们彭姓和钱姓也是一家。

姓氏小档案

- 姓氏始祖：彭祖
- 全国姓氏排名：39
- 百家姓排名：第四十七
- 姓氏属性：颛顼、芈姓、人名、官名

我们彭国先祖讲究养生之道。

🔊 汉字解读

"彭"，本义是鼓发出的响声。在古汉语中，"彭"也通"旁"。而"彭彭"表示众多的样子，如"行人彭彭"。在现代，"彭"一般作为姓氏或地名使用。

我们是这么来的

源于颛顼

颛顼：我是上古部落联盟首领颛顼，黄帝的后裔，也是三皇五帝之一，我的后代里衍生出了许多姓氏。

吴回：我是颛顼的后裔，名吴回，因担任火正官，世称火神祝融氏。后来，我的后人里诞生了祝融八姓，彭姓就是其中的一支。

我是吴回的儿子陆终，生有6个儿子，6个儿子又各自发展了不同的姓氏，其中就有彭姓。此外，还有黄、苏、韦、顾、温、董、曹、娄等重要姓氏。

我是陆终的第三个儿子，名篯铿。我被尧帝封在彭城，建立大彭国，世称彭祖。到了商代，我的国家被商王武丁所灭，子孙多以国名为姓，发展为彭姓正宗。

••• 源于芈姓 •••

我是春秋时期楚国的大夫，名熊彭名，原姓芈。我也是勇敢善战的将军，曾带领楚军打败过不可一世的晋军。后来，我的子孙中有以我的名为姓的，发展为荆襄彭氏。

••• 源于人名 •••

我是商朝的巫师，负责占卜的，人称老彭，甲骨文中经常能见到我这个名字。我可能姓子，但也可能是其他姓氏。我的后代中也有以我的名为姓的，发展了另一支彭姓。

••• 源于官名 •••

我是战国时期楚国军制官员彭师，所率领的军队称彭排师，主要负责在战争中辅助或护卫中军，也负责安营扎寨等。在我们彭师、彭排师的子孙中，就有以先祖官名为姓氏的，简称彭姓。

我们家的名人簿

汉

彭越：西汉开国将领。秦朝末年，彭越起兵反秦，后来率兵归顺了刘邦，助刘邦夺得天下，封为梁王。彭越很有军事才能，是世界上第一个使用游击战术的人，可以说是游击战的始祖。

唐

彭构云：唐朝道学家。他精通黄老道学，在做了几年官后，就隐居起来，即使皇帝三次请他出山，他也都拒绝了，被称为真正的隐士。著有《通元真经》一书。

宋

彭龟年：南宋大臣。他年少时十分好学，曾跟随大学者朱熹和张栻学习。后来，他考中进士，进入官场，崇尚儒家仁政，为官刚正，明辨善恶是非，敢在朝廷上直言进谏。

清

彭春：清朝初年名将。他是满族正红旗人，先祖是后金（清朝之前的国号）的开国大臣。在顺治皇帝当政期间，彭春就开始了戎马生涯。康熙初年，他因忠勇善战，受到康熙皇帝的赏识，还参加了平定三藩叛乱。后来，在中俄边境，俄军侵占了我国领土。彭春作为统帅，率领军队赶往被俄军占领的雅克萨城，展开对俄战争，这就是历史上著名的雅克萨之战。彭春率军到达战场后，很快就攻下雅克萨城，赶走了侵略者，取得前所未有的胜利。之后，中俄签订了《尼布楚条约》，从法律上肯定了外兴安岭以南、黑龙江和乌苏里江流域是我们中国的领土。

彭玉麟：晚清政治家、军事家。他创建了湘军水师，是我国近代海军的奠基人。在中法战争中，他率领老将冯子材共同抗法，获得大胜。

我们家的丰功伟绩

成为湘西土司

唐朝末年，天下大乱，各地藩镇割据，形成了五代十国的局面，仅南方就有9个割据政权，南楚、南唐、吴越、南吴等，再加上北方的北汉，正好是十国。

这个时候，我们彭姓家族也有一支在湘西崛起，他们是出身江西吉水的彭玕、彭瑊两兄弟。兄弟二人在黄巢起义时建起一支队伍，成为小军阀。后来，他们投奔了南楚，到了湘西，得到楚王的重用，势力也得到扩大。彭瑊在出任溪州刺史时，统一了酉水流域的土民各部，赶走了以前的首领，并成为新的土家族首领。

彭瑊去世后，他的儿子彭士愁接任首领。彭士愁注重发展生产，团结各部，得到土家族百姓的拥护，势力更加强大。随后彭士愁与南楚矛盾加剧，战争爆发，最终彭士愁战败。虽然彭士愁表面臣服了楚国，但实际上是在湘西建立了独立王国，统领20多个州，建立了一个强大的割据政权。彭士愁不仅成为湘西土司，也就是当时湘西土家族的领导者，还成为彭姓始祖之一。从此，彭氏家族在湘西这片土地经营了八百多年，也做了八百多年的土司王，一直延续到清朝。如今，当初的老司城已成为湖南当地的重点文物保护单位。

文图编辑：张　艳

文字撰写：杨玉萍

装帧设计：ABOOK·蜀黍

美术编辑：玉琳儿

图片绘制：刘宁、田颖

编者说明

　　中国姓氏文化源远流长，姓氏起源可追溯到远古氏族时代，随着历史的发展和社会的进步，姓氏也随之丰富、庞杂。

　　本书收录了最常见的52个姓氏，"百家姓排名"均按照流传最为广泛的宋版《百家姓》中的顺序；"全国姓氏排名"编写时间早于出版时间，如果出版后有所变化，望读者见谅。

　　另外，本书所写姓氏属性、姓氏起源及姓氏迁徙等内容由于史书记载不一，各家之说众多，我们参考了权威专家出版的书籍，采纳最为普遍认同的观点进行编写，所写内容有疏漏和失当之处，望读者批评指导。

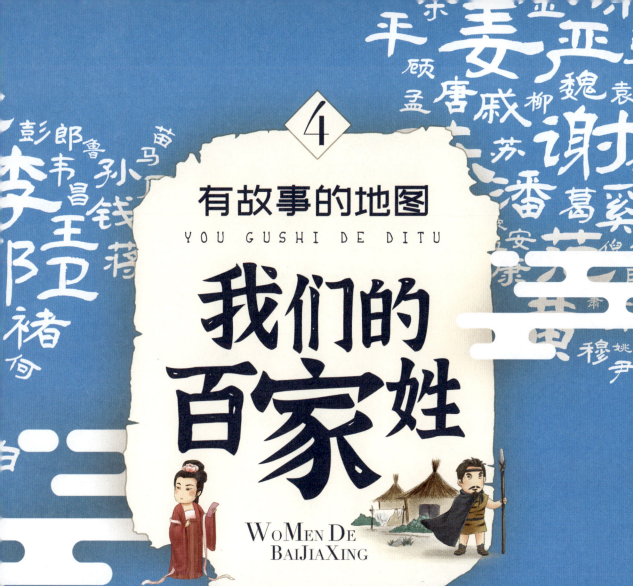

版权专有　侵权必究

图书在版编目（CIP）数据

有故事的地图：我们的百家姓：全4册 / 尚青云简编著. —北京：北京理工大学出版社，2021.6
ISBN 978-7-5682-9664-9

Ⅰ.①有… Ⅱ.①尚… Ⅲ.①姓氏-中国-通俗读物 Ⅳ.①K820.9-49

中国版本图书馆CIP数据核字（2021）第058154号

有故事的地图：我们的百家姓

出 版 发 行 /	北京理工大学出版社有限责任公司
社　　　　址 /	北京市海淀区中关村南大街5号
邮　　　　编 /	100081
电　　　　话 /	（010）68914775（总编室）
	（010）82562903（教材售后服务热线）
	（010）68948351（其他图书服务热线）
网　　　　址 /	http://www.bitpress.com.cn
经　　　　销 /	全国各地新华书店
印　　　　刷 /	北京尚唐印刷包装有限公司
开　　　　本 /	787毫米×1092毫米　1/12
印　　　　张 /	28
字　　　　数 /	464千字
版　　　　次 /	2021年6月第1版　2021年6月第1次印刷
审　图　号 /	GS（2020）5808号
定　　　　价 /	156.00元（全4册）
责任编辑 /	田家珍
文案编辑 /	田家珍
责任校对 /	周瑞红
责任印制 /	李志强

图书出现印装质量问题，请拨打售后服务热线，本社负责调换。

目录

我们是这么来的
我们都去了哪儿
我们家的名人簿
我们家的丰功伟绩

吕 ……6	
苏 ……12	魏 ……48
卢 ……18	薛 ……54
蒋 ……24	叶 ……60
蔡 ……30	阎 ……66
贾 ……36	余 ……72
丁 ……42	潘 ……78

我们这些
有趣的姓氏

柴米家族

柴、米、油、盐、酱、醋、茶都是姓

柴、米、油、盐、酱、醋、茶，这些生活必需品，你们没想到还是我们的姓氏吧？比如，柴姓是炎帝的后裔，至今有人口一百三十多万。五代时期后周第二位皇帝柴荣就是我们柴姓族人。

米姓也是有来历的，春秋时期楚国王族的芈姓和古西域的米国都是米姓的祖先。另外，油姓、茶姓、盐姓、酱姓和醋姓也都有据可查，都是我们柴米家族。

赤、橙、青、蓝也是姓

赤、橙、红、绿、青、蓝、紫，没错，这些颜色也都是姓氏。赤姓一部分来自周天子的姬姓，一部分据说是上古仙人赤松子的后人。

橙姓来自一个古老的族群，相传，始祖是古南越国的后裔，在今安徽、湖北等地都有橙姓的族人。

东、西、南、北还是姓

东、南、西、北，这些表示方向的词，还是姓氏。说起东姓，历史可悠久了，相传，是远古大神伏羲的后人，在今河南、河北等地都有东姓族人。

西姓，有一部分来自古西国，现在的北京、河北等地都有西姓居民。

南姓源流很多，分布也广。唐朝时期，南姓家族就出了位名将南霁云。

北姓有的来自姜姓，有的来自高句丽民族。

方向家族

那些迷人的复姓

除了赵钱孙李、周吴郑王等这些单姓，我们复姓也在《百家姓》中占据一席之地。比如司马、上官、夏侯、诸葛、欧阳、东方……

我们司马姓来源于官名。说到大司马，从周朝时期到魏晋时期都是掌管军事的大官，相当于现在的武装部队总司令。后来，我们继承先人的荣耀，以这个官名为姓了。

说到我们诸葛姓氏，诸葛亮就是本家族最有名的人了。

最长的姓氏

姓氏可不是只有一个字、两个字，还有三字姓、四字姓、五字姓、六字姓、七字姓、八字姓，乃至九字姓、十字姓……

这些多个字的姓氏，大部分都出自少数民族。比如，"阿伏干"就是一个三字姓，属于鲜卑族姓氏，北魏孝文帝改革时，将这个姓简化为了阿姓。

"别勒古纳惕"是一个五字姓，来自蒙古黄金家族，属于以先祖的名字为姓氏。而"乌朗汉吉尔莫吉尔敏"，则是一个九字姓，它也来自蒙古族。

你不知道的姓氏趣闻

说到我们吕姓，不得不说的一个传奇人物就是姜子牙。姜子牙虽姓姜，但属于吕氏。他帮助武王伐纣，建立周朝。武王将他封在山东齐国，他将齐国经营成诸侯大国。后来，田氏取代吕氏成为新的齐国国君，姜子牙的后人纷纷出逃，有的仍姓姜，有的改姓齐，有的则改为原来的吕为姓。

姓氏小档案

- 姓氏始祖：伯夷
- 全国姓氏排名：40
- 百家姓排名：第二十二
- 姓氏属性：姜姓、姬姓

我是姜姓吕氏，也可以叫我吕尚。

🔊 汉字解读

"吕"，从字形上来看，像是连在一起的两块脊椎骨，所以它的本义就是脊骨。此外，"吕"是中国古代音乐十二律中的阴律的总称，即"六吕"。

我们是这么来的

源于姜姓

炎帝：我是上古部落首领神农氏，称炎帝，也是华夏族的祖先之一。因为我生活在姜水流域（今陕西宝鸡的清江河），所以姓了姜。我是吕姓的老祖先。

伯夷：我是炎帝的后裔伯夷，掌管过四岳(炎帝部落分化的4个胞族)，也辅助过舜处理政务，后来又成为禹的得力大臣，得封吕国（今河南南阳市），后来部分子孙以吕为姓。

我是伯夷的后裔，姜姓吕氏，人称姜子牙。商朝末年，我加入了周部落，帮助武王攻灭了商朝。周朝建立后，我被封在齐国（今山东），齐国与同胞吕国并存了300多年。

东吕国君

姜子牙

我是吕国公族，春秋时期因惧怕楚国，我带领一部分族人迁到今河南新蔡，建立新的吕国，史称东吕国。我们这一支吕国子孙后来也姓了吕。

齐康公

我是战国初期吕氏齐国最后一代君王，世称齐康公，因为贪图享乐被田氏夺去了王位，然后遭到流放海岛。原齐国吕氏子孙一部分就以氏为姓，成为吕姓正宗。

••• 源于姬姓 •••

我是晋国公子重耳流亡时的随行人员，本姓姬，名魏犨。在公子流亡途中，我对公子尽心尽力，后来公子做了国君，封我做了大夫，后人称我为魏武子。我的子孙中就有一支改姓了吕。

我是魏武子的儿子魏锜，因为父亲的功劳，我得到两块封地，一块叫吕，一块叫厨。后来，在吕邑的子孙就改姓了吕，成为山西吕姓。

我们家的名人簿

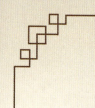

战国

吕不韦：秦国丞相、政治家。吕不韦出身卫国，是位商人。虽然家财万贯，但在当时，商人的社会地位很低。为了改变自己的社会地位，他结识了在赵国当人质的秦国公子异人，想尽办法让异人回到秦国，并帮异人当上了秦王，也就是秦庄襄王。秦庄襄王为了报答吕不韦的恩情，便让吕不韦做了秦国丞相，与他共享天下，这就是成语"奇货可居"的由来。吕不韦也因此被称为历史上投资最成功的商人。他做了13年丞相，对秦王嬴政统一六国做出了贡献，还组织门客编撰了一本《吕氏春秋》。这本书包含了先秦时期诸子百家的学说，成为后人研究战国时代大家思想的重要资料。

汉代

吕雉：汉高祖皇后。曾辅佐刘邦平定天下。刘邦去世后，她以太后身份代理朝政16年，史称"吕后称制"。她是第一位有记载的女执政者。

吕布：东汉末年名将。他十分骁勇善战，最初是并州丁原的部下，后投靠了大权臣董卓，并认董卓为义父。因董卓祸国殃民，他与司徒王允联手杀了董卓。后来，他占据徐州一带，被曹操打败而身死。

南北朝

吕光：十六国中后凉君主。他开始是前秦的将领，曾在西域立下很多战功，威震西域。后来，他在凉州建立了后凉国，统领了包括今甘肃西部和宁夏、青海、新疆、内蒙古、蒙古国的大片地区，成为西北霸主。

宋

吕夷简：北宋宰相。他出身官宦之家，伯父吕蒙正是北宋有名的宰相。他辅佐年少的宋仁宗，正确处理当时的社会矛盾，并重用范仲淹等有才能的人，维护了当时的社会安定，推动了经济的发展。

我们家的丰功伟绩

创造"士别三日"的美谈

我们常说"士别三日,当刮目相看",这句话是什么意思呢?是说过了多日,别人已有了进步,就不要再用老眼光看人。这个成语的由来却与我们吕姓家族的吕蒙有关。

吕蒙是东汉末年吴国的将领。他年少时追随孙策,后来又辅佐孙策的弟弟孙权,以胆量和气势闻名军中。虽然吕蒙作战勇猛,胆量过人,但学识上还是有所欠缺。一天,孙权对他说:"你现在掌管军权,必须要多学习知识才行啊。"吕蒙听了,总是以军务繁忙推托。孙权又说:"我不要求你钻研经书去做教书先生,只要你读读历史,大概了解一下就可以。我每天事务也很多,仍常常读书,并能从中受益。"吕蒙听了,深感惭愧。于是他在处理完军务后,抓紧时间学习,并且读书非常刻苦,甚至在梦里都梦到自己读了《易经》。

过了些日子后,吴国的另一位官员鲁肃来找吕蒙讨论政务,发现他的学问竟突飞猛进,便吃惊地说:"以你现在的学问和谋略,已经不再是以前的吴地阿蒙了。"吕蒙也笑着说:"没错,士别三日,当刮目相看,长兄为什么认清事物这么晚啊。"这就是这个成语的由来。

从此,吕蒙不但有胆气,而且变得有谋略。后来,他通过细心谋划,打败了关羽,为吴国夺回荆州的土地,成为吴国不可多得的良将。

夏朝时期,在今河南辉县有个昆吾氏(颛顼后裔)建立的苏国。到了商朝末年,苏国灭亡,族人纷纷逃散,开始以苏为姓。其中一个叫苏忿生的人成为首领,商灭亡后,他做了周朝官员,并建立了新的苏国(在今河南温县)。后来,苏忿生就被认定为苏姓的得姓始祖。我们苏姓的图腾上方是以苏草为符号,左下方是一条鱼,右边是一株禾苗,表示我们苏氏先民以苏草唤醒人的意象。

汉字解读

"苏",本义是一种植物,也指须状下垂的饰物,如流苏。在古体字中,苏表示用树枝穿鳃提鱼,这种提法不会让鱼死去,放在水里还能复活,所以"苏"有苏醒、复活、重生的意思。

我们是这么来的

源于颛顼之己姓

 颛顼

我是上古部落联盟首领颛顼,号高阳氏,传说中的五帝之一。我和我的祖父黄帝一样,是很多姓氏的老祖宗,苏姓就是其中之一。

 陆终

我是颛顼的后裔陆终,父亲是火神吴回。我有6个儿子,即樊、惠连、篯铿、求言、晏安、季连。其中大儿子樊发展了苏姓。

我是陆终的大儿子樊,因住在昆吾(今山西运城北)而称昆吾氏,己姓。我的后裔中有人在夏朝时建立了苏国,称有苏氏。

我是苏国后裔苏忿生,国家在商朝末年灭亡了,族人开始以苏为姓。后来我归顺了周朝,重新在今河南温县建立了苏国,子孙后来也以苏为姓,成为苏姓正宗。

··· 源于改姓 ···

我来自汉代乌桓国。我们是北方游牧民族,东胡部落联盟中的一支。汉武帝时,我们乌桓国里的一支归顺了汉朝,我和一部分族人就改为汉姓苏。

我是一位波斯(今伊朗)商人,名叫苏拉玛尼。元末明初时我来到中国经商,在这里定居,后来我的子孙都改姓了苏。

我是色目人,名叫速来蛮。我在明朝的锦衣卫里做了官,荣任指挥佥事。后来,皇帝给我改名苏荣,我的子孙之后也都改姓苏了。

我是元代时期从中亚来到中国定居的外国人,叫苏唐舍。后来入乡随俗,我也将我的姓简化为苏。

色目人是元朝时对中西亚和欧洲各民族的统称,广义上包括突厥人、契丹人、阿拉伯人等。他们后来与蒙古族、畏兀儿族、汉族融合,形成回族。回族中有十三大姓,苏姓就是其中之一。

我们家的名人簿

汉

苏武：西汉大臣。汉武帝时，他奉命出使匈奴，结果被匈奴扣留。匈奴人想尽各种办法让他投降，但苏武即使被流放到环境恶劣的地方放羊，吃尽苦头，也坚决不降。19年后，他才回到长安，他坚贞的气节一直被后人敬仰。

唐

苏定方：唐初大将。他年少时就以骁勇善战闻名乡里，后来归顺唐朝，跟随唐太宗对侵扰唐朝的匈奴进行多次打击，巩固了唐朝边境的安全。在平定百济的战争中，立下赫赫战功。

宋

苏舜钦：北宋诗人。他性格豪放，强调写文章要反映现实，所作诗歌热情奔放，不受流俗约束。后来因支持范仲淹推行改革而被贬官，他在苏州建造了著名的"沧浪亭"，并作《沧浪亭记》。

苏颂：北宋宰相、天文学家、天文机械制造家。他发明了世界上第一台天文钟"水运仪象台"，可用来观察天体，演示图像，还能自动报时，比欧洲人发明的钟表要早600年。

苏轼：北宋大文豪、书法家和画家。苏轼出生于四川眉州，他的父亲苏洵也是有名的学者。在父亲的教导下，他和弟弟苏辙都成为大文学家，父子三人并称"三苏"，在"唐宋八大家"中就占了三位。苏轼称得上是千年一遇的奇才，他在作诗、填词、写文、绘画、书法等方面都取得了杰出的成就。尤其是他的词作独树一帜，题材广阔，清新豪放，让宋词走出了"婉约"的束缚，开创了"豪放词派"，奠定了后世文学的基础。在政治上，他因为反对王安石变法而被多次贬官，但他毫不气馁，仍然做出很多政绩。杭州西湖上的苏堤，就是他在那里做官时修建的。苏轼以他的个人成就和魅力，成为当时文坛上当之无愧的领袖，也是后人敬仰的对象。

六国一体,才能抵抗强秦啊。

我们家的丰功伟绩

游说各国,佩六国相印

春秋战国是一个人才辈出的时代。其中有一批纵横家,他们以出众的口才,游说各国君主,成为特殊的谋士和外交家。其中,我们苏姓家族的苏秦成为佼佼者。

苏秦是河南洛阳人,早年拜鬼谷子为师,学习纵横术。学成后外出游历多年,但都没有什么成就。苏秦潦倒地回到家乡,父母哥嫂都看不起他,也不给他好脸色看。苏秦既生气又羞愧,于是闭门不出,继续发奋读书。夜里看书困了,他就用锥子刺自己的大腿,好让自己清醒过来。这就是"锥刺股"的故事。靠着这种拼命般的勤奋,苏秦用了一年时间,钻研透了《阴符》一书,掌握了纵横术的真谛。

当时,有七个最强大的诸侯国,称为战国七雄,其中以秦国最强。苏秦认为,六国要抵抗强秦,必须联合起来。于是,他先去游说燕王,得到燕王的认可,又出使赵国,提出六国"合纵"结盟抗秦的思想。最终,他成功说服了燕、赵、韩、魏、楚、齐六国君主,使六国答应结盟抗秦,而他则担任了"合纵长"一职,佩戴了六国的相印,一时名声大振。六国"合纵",使秦国在长达15年的时间里不敢出兵与六国交战,而苏秦也靠着成功的纵横术在史册上留下了美名。

你不知道的姓氏趣闻

我们卢姓和吕姓的祖先都是姜太公。不过和我们血缘关系更近的是高姓，我们可是同一个得姓始祖。西周时期，齐文公（姜太公后裔）的一个儿子被封在高邑（今河南禹县），称公子高。公子高的孙子傒以祖父名为氏，叫高傒。高傒后来被封在卢邑（今山东济南市内），所以后世子孙有的姓了高，有的就姓了卢。

姓氏小档案
卢
姓氏始祖：高傒
全国姓氏排名：42
百家姓排名：第一百六十七
姓氏属性：姜姓、国名、官名、赐姓或改姓

咱们原来是名副其实的一家啊。

🔊 汉字解读

"卢"，本义是吃饭、做饭的用具。从甲骨文的字形看，"卢"可能是"炉"的象形写法，代表的是炉子。在古代，"卢"还通"庐"和"颅"，表示房屋和头盖骨。另外，"卢"当形容词用表示黑色，如卢弓。

我们是这么来的

源于姜姓

我是大名鼎鼎的姜太公，帮助武王伐纣，又努力经营齐国，使齐国成为护卫周王室的大诸侯国。吕姓、高姓和卢姓都有一部分出自我的后代。

姜子牙

我是西周齐国公族，姜子牙的后代，所以也姓姜。我的父亲是齐文公，哥哥是齐成公，后来我被封在高邑（今河南禹县），世称公子高。

公子高

我是公子高的孙子，曾经和管仲合作，帮助齐桓公称霸中原。齐桓公用我祖父的名字为我赐了氏名，因此我叫高傒，封地在卢邑。后来，我的一部分子孙就改姓卢，成为卢姓正宗。

··· 源于国名 ···

西周初年，周武王按照公、侯、伯、子、男的级别进行分封，我们庐国（在今安徽合肥）就属于其中的一个子国。到了春秋时期，国家解体，一部分子孙就以卢为姓。

··· 源于官名 ···

我是周朝时期的官吏，负责掌管弓弩，后来也主管监狱，称若卢令丞。我的后世子孙中有以我的官名为姓的，称若卢氏，后来简化为卢姓。

我是汉代时期的官吏，负责掌管酿酒、煮酒，称卢令丞。我的子孙中也有以我的官名为姓的，称当卢氏，后也简化为卢姓。

··· 源于赐姓或改姓 ···

我来自鲜卑族吐伏卢氏，因北魏时期魏孝文帝改革，我们和伏卢氏、卢浦氏、莫芦氏部落的人都改为汉姓卢。

我是隋朝学者，名叫章仇太翼，本姓章仇，曾在五台山给弟子们传授学业。后来，隋炀帝重用了我，给我赐了单姓卢。像我这样得到赐姓卢的，还有不少人呢。

我们家的名人簿

汉

卢植： 东汉将领、经学家。他为人刚毅，曾因为触怒大权臣董卓而被免官，后来成为袁绍的军师。他曾参与校对儒学经典书籍，也续写过《汉记》，白马将军公孙瓒和蜀汉皇帝刘备都曾是他的弟子。

唐

卢照邻： 唐朝诗人。他出身范阳卢氏，博学多才，爱好诗歌。他擅长写七言歌行，对推动七言古诗的发展做出了贡献。他与杨炯、王勃、骆宾王并称为"初唐四杰"。

五代－宋

卢琰： 后周和宋代的名臣。他出身河南洛阳的名门望族。起初，他帮助郭威建立后周，立下功勋，成为后周的开国上将军。之后他又辅佐周世宗。周世宗去世后，赵匡胤发动陈桥兵变，夺取政权，建立了大宋王朝。这时候，卢琰冒着生命危险救下了周世宗的两个遗孤，并把其中一个孩子偷偷抱回自己府里抚养，收为义子。为了保护这个孩子，他辞官带着家人离开京城隐居起来。卢琰本来有8个儿子，加上收养的这个孩子共9个儿子。这9个儿子后来都做了官，成为国家的栋梁之材。9个儿子依照年龄排序，称"九支卢"。九支卢各自繁衍了许多子孙，尤其以收养的这个儿子发展得最为繁盛，他们使卢姓在浙江成为庞大的宗族。

元

卢挚： 元代文学家。他的散曲有的写山林逸趣，有的写诗酒生活，但更多的是"怀古"作品，抒发了对故国的怀念。他的作品影响很大，推动了散曲的发展。

明

卢镗： 明朝抗倭名将。明朝中后期，许多倭寇（来自日本）在沿海作乱。卢镗熟知兵法，领导并参与了大小十几场抗倭战斗，成为仅次于戚继光和俞大猷的抗倭名将。

我们家的丰功伟绩

东渡朝鲜，成为韩国大族

在我们卢姓的发展史上，有一次非常著名的迁徙，那就是东渡朝鲜。

很多姓氏是到了明清之后才迁居海外的，但我们卢姓在唐朝时就开始了。唐朝末年，因为朝政腐败，导致农民起义、藩镇割据，天下大乱。一位叫卢惠的翰林大学士，为了保住全家人的性命，决定离开唐朝国境。卢惠出身山东长清，家里有9个儿子。他联合其他几位关系要好的学士，一起带着家人坐船出海，搏击风浪，向东到了朝鲜半岛。从此，他们就在朝鲜半岛的光州定居下来。到了光州之后，卢惠和其他几位友人结为异姓兄弟，大家都改了名字。卢惠改名卢穗，成为朝鲜半岛上的卢姓始祖。

后来，卢穗的9个儿子都在朝鲜开枝散叶、繁衍生息，发展为当地九大支卢姓。如今，这九支卢姓是韩国和朝鲜的大族，已经繁衍了40多代，共有人口30多万。在这些人中，不乏有许多名人，还出过两位韩国总统。其中一位总统还曾到中国山东长清来寻根祭祖，表示自己也是山东人。此外，也有不少其他韩国卢姓人组团到中国来祭祖。虽然现在他们与我们不属于一个国家，但我们仍属于一个祖先。

你不知道的姓氏趣闻

远古时期,"蒋"是一种植物,也就是现在的茭白。这种植物结出的籽叫菰米,也叫蒋实,是古时候人们的主粮。很多学者认为,蒋姓的"蒋"就来自菰米。远古先民发现自己住的地方有很多菰米,而且能食用,渐渐地,他们就用"蒋"作为自己氏族的名字,居住的地方叫蒋,旁边的河流叫蒋河,建的居住地叫蒋邑,后来"蒋"就演变为姓氏了。

姓氏小档案 蒋
姓氏始祖:蒋伯龄
全国姓氏排名:43
百家姓排名:第十三
姓氏属性:姬姓、子姓、赐姓、改姓

这种蒋实可是我们的口粮呢。

汉字解读

"蒋",在古代表示一种植物茭白,也有人说是一种有刺的草。从字形上看,"蒋"在古代是对肉的一种描绘。而"蒋"可通"奖",表示奖励。现在,"蒋"更多用来表示姓氏。

我们是这么来的

源于姬姓

我是周文王的儿子、武王的弟弟周公旦,姬姓。我辅佐侄子成王,让他顺利坐稳天子之位。我的儿子大部分得到了分封,其中一支发展了蒋姓。

周公旦

我是周公旦的三儿子伯龄,被封在蒋邑,建立了蒋国(今河南淮滨县),我也因此被称为蒋伯龄。

蒋伯龄

我是伯龄的第十七代孙，是最后一任蒋国国君。我们蒋国一直不算强大，春秋时期被楚国所灭。蒋国子孙为了纪念故国，就改为蒋姓了，成为蒋姓正宗。

末代蒋国国君

源于子姓

我属于商朝王室，子姓，被商王分封在蒋地（今河南获嘉县），建立了一个小小的蒋国。商朝灭亡后，我们这个小国很快被灭掉了，子民们有的以蒋为姓。

我是春秋时期宋国人，名蒋锄。我们宋国是商王室成员微子建立的国家，属于殷商后裔，子姓。所以，我也可能是子姓子孙，后改姓了蒋。

子姓蒋国国君

蒋锄

源于赐姓和改姓

我来自秦汉时期的南越国，属于古越族，生活在长江中下游的百越地区。我们因为某些原因，被汉族皇帝赐姓了蒋。

我们属于少数民族，在不断地与汉族同胞融合交流中，也逐渐被汉化，并改了姓氏。很多兄弟民族中的同胞像我们一样，改了汉姓蒋。

南越国民

满族　蒙古族

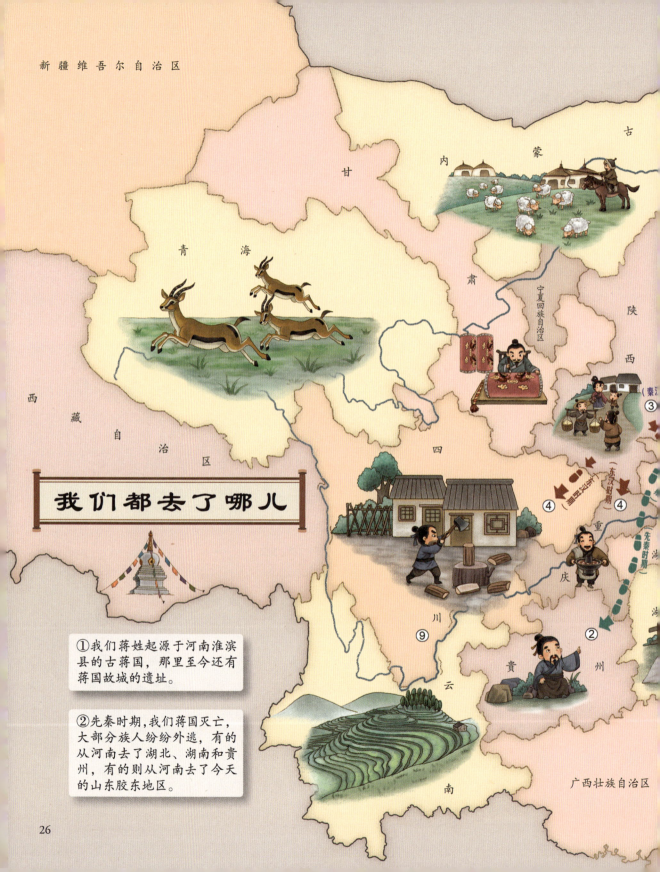

我们都去了哪儿

①我们蒋姓起源于河南淮滨县的古蒋国,那里至今还有蒋国故城的遗址。

②先秦时期,我们蒋国灭亡,大部分族人纷纷外逃,有的从河南去了湖北、湖南和贵州,有的则从河南去了今天的山东胶东地区。

我们家的名人簿

三国

蒋琬： 蜀汉重臣。他是蜀汉丞相诸葛亮的接班人，与诸葛亮、董允、费祎合称"蜀汉四相"。蒋琬年少聪慧，做事不拘一格。一开始，他在蜀汉当了个县长的小官，整日喝酒，不理政事。蜀汉皇帝刘备非常生气，想要治他的罪，多亏诸葛亮欣赏他有治国大才，为他求了情。之后，他成为诸葛亮的得力助手，诸葛亮出兵讨伐魏国，他在后方做好粮草支援等工作。后来，诸葛亮去世，蒋琬担负起稳定蜀国大局的重任。在国内发生混乱的时候，他沉着应对，安定人心，维护了国家的稳定，一度保护了蜀汉不受敌国侵扰，为蜀汉的稳定与发展做出了贡献。

汉

蒋诩： 西汉名士。他做官时以廉洁正直闻名，因为不满王莽专权而辞官回家乡隐居，家里的院子只开辟了三条小路，只与羊仲、求仲两位高士往来。所以，后人就用"三径"来代表隐士的住所。

宋

蒋捷： 南宋著名词人。他生活的年代正值南宋灭亡，词作多抒发亡国之痛。"流光容易把人抛，红了樱桃，绿了芭蕉"是他脍炙人口的名句，他也因此名句被称为"樱桃进士"。

蒋干： 汉末名士。他在曹操帐下做事，是一名出色的辩论家。曹操曾派他去招降周瑜（孙权的部下），他与周瑜相处三天后，感觉周瑜气度宽宏，不可能投降，回来劝说曹操放弃招降的想法。

清

蒋士铨： 清代学者、诗人、文学家和著名戏曲大家。他秉性耿直，诗作题材多揭露社会矛盾，反映百姓疾苦。戏曲作品有《红雪楼九种曲》《空谷香》等49种。梁启超说他是"中国词曲界之最豪者"。

我们家的丰功伟绩

一门九侯

我们蒋姓从得姓后,其实很长时间都默默无闻,直到东汉时期,才迎来了家族的鼎盛时期,这正是后人津津乐道的"一门九侯"的故事。

东汉初年,出身陕西蒋氏的蒋横跟随光武帝刘秀打天下,南征北战,建立了功勋,被封为大将军。可是后来,蒋横被诬告谋反,刘秀非常生气,就把蒋横杀了。蒋横有9个儿子,为了避祸,除了其中一个儿子给父亲守灵外,其余8个人都逃到了外地,有的跑到了江苏,有的跑到了浙江,有的到了重庆,还有的到了江西……后来,刘秀知道蒋横受了冤枉,错杀了他,十分后悔。为了弥补自己的过错,他找到蒋横的9个儿子,全部封了侯。于是,这9个儿子的身份立马显赫起来,出现了"一门九侯"的盛况,他们都在迁居地兴旺起来,发展了蒋氏家族。

其中,迁居江苏宜兴的第九子蒋澄【封亚(ǒu)亭侯】子孙最为昌盛,宜兴蒋氏也成为响当当的名门望族。蒋澄封侯后为官清正,爱民如子,得到百姓的爱戴。他的5个儿子也都很有作为,都做过刺史,所以我们蒋姓又有"九侯五牧"的佳话。

你不知道的姓氏趣闻

上古时期，我们人类就有了祭祀行为。祭祀在那时候是一种信仰活动，人们向天地神灵献上祭品，祈求得到庇佑。而我们蔡姓的由来就跟祭祀有关。相传在尧舜时期，有一支姞姓部落被封在蔡地，部落中又有一个蔡氏支系专门负责祭祀活动。后来，这支姞姓先民以封地名为姓，成为蔡姓的一支。古时，"蔡"与"祭"通用，"蔡"字就是从祭祀中而来的。

汉字解读

"蔡"，本义指一种野草。从字形上看，"蔡"是一个将肉献给神的会意字。所以，蔡也表示一种祭祀名或者一种肉刑。还有人认为，它代表占卜用的大龟。

我们是这么来的

源于姞姓

我来自尧舜时期的一支姞姓部落，属于黄帝的直系后裔。我们被封在蔡地，后来就以封地名为姓了。

我来自姞姓部落的分支蔡氏，我们主要负责部落里的祭祀活动。祭祀在古时候可是大事，所以我们在部落中的地位很高。而我们的封地名"蔡"字，实际上也源于祭祀活动哟。

姞姓部落首领

姞姓部落分支蔡氏

··· 源于姬姓 ···

我是周文王的第五个儿子,姬姓。我被哥哥武王封在蔡地,称蔡叔。我的主要职责是监管商族后裔武庚,后来我却联合武庚发动叛乱,被镇压后我死在了流放地。但蔡姓仍出自我这一支脉。

我是蔡叔的儿子,虽然父亲发动了叛乱,但我一直忠于大周朝,因功绩卓著仍被封在蔡国(今河南上蔡县),史称蔡仲。后来,我的子孙就以国名为姓,成为蔡姓正宗。

··· 源于改姓 ···

我来自宋代时期的女真族,属于乌林答姓,后来,我们这一支都改为汉姓蔡。

我们也是女真族,只不过我们生活在明清时期,叫满族。我们属于八旗中的蔡佳氏和乌灵阿氏,主要生活在东北地区,后来也改了汉姓蔡。

我们家的名人簿

汉

蔡邕：书法家、文学家。他是汉代最后一位辞赋大家，赋作取材多样，贴近生活，很有艺术感染力。他书法擅长篆书和隶书，创造了"飞白"书体。他还精通音律，曾从火中救出一块良木，制成著名的焦尾琴。

蔡文姬：东汉著名才女。她是大学者蔡邕的女儿，自幼受父亲影响，擅长音律，据说3岁就能辨别琴弦的声音。她年少时就有了才名，可惜父亲死后，又逢乱世，她被匈奴人俘虏后，嫁给了匈奴左贤王为妻。十几年后，曹操将蔡文姬赎回中原，她在思念丈夫和孩子的痛苦中，创作了著名的《胡笳十八拍》，又做了两首《悲愤诗》。《胡笳十八拍》是古乐府琴曲歌辞，也是我国古代十大名曲之一，主要讲述了她自己归汉的故事。而《悲愤诗》中的一首五言体诗，是一首很长的叙事诗，对后世的五言叙事诗产生了深远影响。虽然蔡文姬留下的作品不多，但《胡笳十八拍》与《悲愤诗》足以奠定她在汉代文坛上的才女地位。

宋

蔡襄：文学家和书法家。他的诗文清妙，书法则浑厚端庄，自成一体，为"宋四家"之一。此外，他还精通茶道，主持制作了有名的贡茶"小龙团"，还写了一部总结制茶、品茶经验的《茶录》。

蔡元培：著名教育家。他反对思想僵化，提倡教育要不拘一格。在任北京大学校长期间，他开创了"学术"与"自由"的新风，兼容并包，不因学术争议而排斥任何有才华的人。他在思想上开导出一股新潮流，也使北京大学成为新文化运动的堡垒。

近现代

蔡锷：革命家、军事领袖。辛亥革命期间，他在云南领导了新军起义，推翻了当地清政府统治。后来，袁世凯搞复辟称帝，他又积极维护民主共和国政体，发动了护国战争，讨伐袁世凯。

我们家的丰功伟绩

改进造纸术

在纸张发明之前,古人常把文字写在竹片和布帛上。把文字刻在竹片上,再把竹片用绳子穿起来,这叫竹简。而写在布帛上的,叫帛书。可是竹简很笨重,一部书常常要用几十斤甚至几百斤竹简,翻看起来也不方便。而布帛,对普通老百姓来说,很难买得起,所以不能普遍使用。可见,纸张的发明对人们来说是多么重要。

西汉的时候,人们已经发明了纸,但最初的纸非常粗糙,不能用于书写文字。到了东汉,这种情况被我们蔡姓家族的蔡伦给改变了。蔡伦本是皇宫里的一名宦官,负责监管督造宫中用的各种器物。他觉得现有的纸缺乏韧性,不太实用,就想方设法改进造纸技术。他先总结了前人的经验,然后挑选树皮、破抹布、旧渔网等做原料,让人把它们剪成碎片,再放到大池里浸泡,用水泡过后再捣烂,制成浆状物,最后经过晾晒、烘干等程序就制成了纸。他带着宫中工匠们反复实验,终于造出了轻薄耐用而且价格低廉的纸,人们亲切地称之为"蔡侯纸"。

有了蔡侯纸,书写更方便,我们中国的文化才得到更广泛的传播与传承。蔡伦的造纸术被认定为我们中国的四大发明之一,他对我们人类文化的传播做出了重要贡献。

你不知道的姓氏趣闻

我们贾姓主要来源于古国名和古邑名，不过还有一部分来自官名。周朝时期，有一种官职叫贾师，也有的叫贾正，他们负责管理政令的实施，还负责监督、管理贸易活动，比如调节物价、稳定市场等。后来，在任职贾师和贾正的子孙中，就有以先祖官名为姓氏的，称贾姓。"贾"一开始读gǔ，现在作为姓氏读jiǎ。

我们贾姓的来源也跟商贸活动有关。

🔊 汉字解读

"贾"，本义表示买卖、坐商（在固定地点营业的商人）。它有两个读音，读gǔ时，基本都与商业买卖有关。比如"商贾"，就代表商人。读jiǎ时，一般表示姓氏和地名。

我们是这么来的

源于姬姓

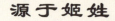

我是周成王的弟弟，姬姓。哥哥将唐地（地处黄河、汾河的东边）封给了我，我便建立了唐国（后来迁都，改为晋国），称唐叔虞。现在的贾姓大部分出自我的子孙。

我是唐国公族，叔虞的儿子，得到封地贾（今山西襄汾一带），称贾伯。后来，我们贾国被晋国所灭，子孙就以国名贾为姓了，并成为贾姓正宗。

我是春秋时期晋国重臣狐偃，晋文公的舅舅兼老师。虽然我出身戎狄部落，但先祖其实也是唐叔虞，所以我也姓姬。我的子孙中也形成了一支贾姓。

我是狐偃的儿子，晋国大夫。我学识渊博，谦恭有德，晋文公待我如兄长一般。我的封地在贾邑，因此人们称呼我贾季。后来，我的子孙就以封地名为姓，改为贾姓。

••• 源于子姓 •••

我是子姓贾国（今山西襄汾一带）的国君。商朝灭亡之前，我们国家就灭亡了。我的子孙以国名为姓，要比姬姓传下来的贾姓早好多年呢。

••• 源于官名 •••

我们是商、周时期的官吏，称贾正或贾师，负责管理都城里的贸易活动，相当于现在工商局的工作。担任我们这类官职的人，子孙中有以我们的官名为姓的，形成另一支贾姓。

••• 源于改姓 •••

另外，满族、蒙古族、锡伯族、彝族、苗族等兄弟民族中也有在汉化过程中改为汉姓贾的。

我们家的名人簿

汉
贾谊： 西汉著名的政论家和文学家。他年少时就有很高的才名，创作的散文和辞赋取得了很高的成就，传世名篇有《过秦论》《论积贮疏》《吊屈原赋》等，世人称他为"贾生"。

汉末三国时期
贾诩： 曹魏军事家和谋士，以"鬼才"著称。他起初是汉末军阀张绣的部下，曾两次用计谋打败曹操。后来，他归降曹操，屡次献计献策，为曹操平定了关中，有"奇谋百出、算无遗策"的美誉。

南北朝
贾思勰： 北魏杰出的农学家。他出身于一个世代务农的书香门第，从小就喜欢搞农业研究。曾当过高阳太守，还去过山东、河北、河南等很多地方，每到一处，他都认真考察当地农业生产技术，向当地的老农请教。为了掌握养羊的经验，他还自己买了两百多头羊，亲自饲养。经过多年的努力，他撰写了《齐民要术》一书。这是我国现存最早、最完备的一部农业百科全书，内容涉及耕田、谷物、蔬菜、果树、畜产等有关农业的方方面面。在那个时代，贾思勰建立了完整的农学体系，推进了动物养殖技术，发展了农产品的加工及储藏等技术，他为我国的农业与农学发展做出了不可磨灭的贡献。

唐
贾岛： 诗人。唐朝"苦吟派"诗人代表，这派诗人常花时间去打磨一首诗。"鸟宿池边树，僧敲月下门"这句名句就是他经过反复推敲得来的。他与诗人孟郊合称"郊寒岛瘦"。

我们家的丰功伟绩

首创"舌耕"的大学问家

舌耕是什么意思？用舌头耕地？当然不是。这指的是靠嘴巴传播知识，获得维持生计的钱物的一种劳动形式，就好比用舌头在耕作。古代许多读书人都以教书育人来维生，因此，就把他们的这种劳动形式简称为"舌耕"。而创造"舌耕"这种说法的人，就是我们贾家的大学问家贾逵。

贾逵是魏晋时期人，出身于河东望族。虽出身望族，但他家里却很穷，父母早早过世，他跟姐姐一起生活。贾逵小时候非常聪明，姐姐没钱让他读书，就经常把他抱到隔壁邻居家的墙根下，因为邻居家有人读书，他可以蹭书读。后来，"蹭听"的时间久了，他竟然自己背会了《六经》。每次从邻居家墙根那儿听书回来，他就把难记的知识写在桑树皮上，或者家里的门上、屏风上，能让自己随时随地地学习。凭着这种刻苦学习的精神，贾逵渐渐成了很有学问的人。

贾逵有了学问之后，便开始教学生读书，而且是个出色的老师。许多人听说了他的名气，不远千里来向他求教。贾逵给大家讲授经书，学生们就会拿一些粮食作为学费。久而久之，学生越来越多，家里的粮食也越来越多，不愁吃穿了。贾逵不用自己种地，靠舌头讲解经书来获得粮食，就好像用舌头来耕地。这就是"舌耕"的由来。

你不知道的姓氏趣闻

我们丁姓家族,有不少是从其他姓改姓而来的。三国时期,孙权的弟弟孙朗一家就改了丁姓。其中原因,还很有戏剧性。当时,魏国正出兵攻打吴国,孙朗作为中郎将到了前线后,没有听从主将的命令而放火烧了军用物资,导致军备不足。孙权对此非常生气,将孙朗终身监禁,并不许他再姓孙,给他改姓了丁。从此,孙朗这一脉就加入我们丁姓家族了。

汉字解读

"丁",本义指夏天的万物都很壮实。在甲骨文与金文中,"丁"字都像钉子的侧视图,所以也代表钉子。在古代,"丁"也指下棋、弹古筝时的声音,还代表能担任一定责任的成年男子,如男丁、壮丁等。

我们是这么来的

源于古丁国

我是商朝中期的古丁国国君,古丁国大概在今天的河南。商朝末年,我们国家被周武王所灭,子孙多以国名为姓氏,至今有 3200 多年了。

源于姜姓

我是炎帝神农氏,华夏族的祖先之一,因住在姜水河畔而姓了姜。我的子孙中也有繁衍为丁姓的,我也成为丁姓的老祖宗。

··· 源于姜姓 ···

经历过夏、商两朝之后,我是史册上鼎鼎有名的炎帝后裔,世称姜太公。曾辅佐周文王治国,助武王伐纣灭商,得封齐国(在今山东)。我的子孙中有人发展为丁姓。

我是姜太公的儿子,名伋,齐国第二代君主。我曾辅佐周成王、周康王,死后得谥号丁公,世称丁公伋或齐丁公。子孙中有以我谥号为姓的,在山东地区发展为丁姓正宗。

··· 源于改姓或赐姓 ···

我是三国时期吴国孙权的弟弟孙朗,吴国宗亲。因为我犯了军法,哥哥孙权将我逐出孙家族谱,改姓了丁。从此,我的子孙加入丁姓家族。

我是宋朝人,本姓于。为了能与当时的权贵丁谓攀上亲戚,挣个好前途,我给自己改姓丁。后来,我的子孙也都姓丁了。

我是明朝人,生活在今苏州阊门一带。祖上本姓邹,因被丁家人收养改姓了丁,取名丁兰国。我们这一族发展兴旺,是著名的苏州丁氏大族。

我是蒙古族学者,名丹珠尔,精通藏语、蒙古语、维吾尔语等多种语言文字,后来被明朝皇帝朱元璋赐姓丁。

我们都去了哪儿

① 我们丁姓起源于今山东淄博一带，也是当初齐国都城的位置，老祖先齐丁公就生活在这里。

② 先秦时期，我们丁姓主要在山东地区繁衍生息，并以济阳（今山东济南一带）为中心，向四周迁徙。今日丁姓寻祖的，大都要到济阳去寻根。

③ 秦汉时期，我们已在河南、河北、江苏、陕西、广西和湖北等地扎了根。并且，除了山东外，河南与江苏也是我们的聚居地。

④魏晋时期，江苏、浙江、江西、安徽等地已有很多丁姓族人居住。同时代，孙权的弟弟孙朗改为丁姓，为江南地区增添了新的丁姓血脉。

⑤唐朝时期，我们丁姓从河南和山东进入福建垦荒种地。

⑥北宋时期，又有族人南下从福建到广东定居。后来，我们族人又在湖南定居，还将湖南发展为当时丁姓第一大省。

⑦北宋时期，我们丁家出了一位大权臣叫丁谓。他官居宰相，却因做了许多坏事被贬了官，从都城东京（今河南开封）贬到了崖州（今海南三亚），再到了广东雷州等地，后来，他的子孙在广东发展了丁姓家族。

⑧明清时期，西北地区的甘肃、宁夏、新疆，西南地区的四川、云南、贵州以及东北地区和内蒙古都有了我们丁姓的足迹。同时，也有人从广东和福建迁居台湾地区，后来走向海外。

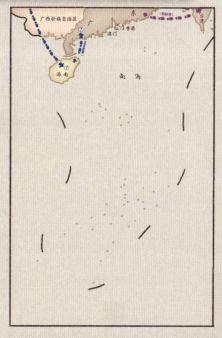

我们家的名人簿

汉

丁密：东汉人。他对父母十分尊重、孝顺，给父母准备的物品都要做到完备无缺。父母去世后，他在墓旁守了三年。相传，守孝期间，有一对野水鸭飞来陪伴他，因此，他被后世奉为孝子典范。

宋

丁度：北宋大臣、训诂学家。训诂学是汉文古籍释读术，是一门综合性学科。主要解释文字意义，偏重研究古书词义。他曾参与刊修《韵略》和《集韵》，这两本书是我们现代人研究中古音的经典著作。此外，他还参与编撰了《武经总要》一书，是我国古代著名的国防著作之一。

元末明初

丁德兴：明朝开国将领。元朝末年，他投靠朱元璋，立下了不少战功，曾征伐陈友谅，攻打张士诚，是一位战无不胜的虎将。因为他常喜欢穿深颜色的衣服，人们叫他"皂袍将"。

清

丁敬：篆刻家。他出身贫苦，曾在街市卖酒为生。但他很有才学，能写诗、画画，尤其喜欢金石文字，擅长篆刻，他开创了"浙派"篆刻，被尊为"西泠八家"（以杭州为中心的篆刻流派）的第一人。

丁汝昌：清晚期著名将领。丁汝昌是贫苦人家的孩子，曾当过豆腐店的学徒，也曾参加过太平军起义。后来，他受到李鸿章的重用，担任了北洋海军提督。1894年，中国和日本爆发甲午海战，丁汝昌作为海军提督，正面迎战日本海军。因为未收到上级命令，在威海卫一战中，北洋舰队惨败。之后，北洋舰队被逼入刘公岛，丁汝昌组织了敢死队，拼死抵抗日军。在孤立无援的情况下，他毅然拒绝日军的劝降，誓与战舰共存亡。最后，北洋舰队面临全军溃败的局面，丁汝昌自杀殉国。虽然这次战争失败了，但他仍称得上是一位有气节的爱国将领。

我们家世代都喜欢藏书。

丁丙

我们家的丰功伟绩

营建藏书楼,藏书破万卷

清朝末年,我们丁氏家族出了一位非常有名的藏书家,他叫丁丙。

什么是藏书家呢?顾名思义,就是收藏了很多有阅读价值和研究价值的书籍的人。丁丙是杭州人,他的父亲和祖父都喜欢藏书,祖父还沿用了宋代先祖曾用过的藏书楼名,另建了一座藏书楼——八千卷楼,专门用来存放收藏的书籍。丁丙自幼受祖辈的影响,也酷爱收藏地方文献。

当时,因为战乱,杭州著名的藏书阁文澜阁里的《四库全书》不幸散失了。丁丙和哥哥丁申不怕艰险,四处搜寻和收购《四库全书》遗本,再加上亲自补抄,得书近万册。之后,文澜阁重建,他们又自告奋勇,极力搜寻残籍,还拿出自家的藏书,并到处补抄,最终使文澜阁里的《四库全书》的数万卷书得以恢复原貌。

丁丙的私人藏书也非常惊人,数十年来,他孜孜以求,收藏着每一本珍贵的文献。他沿用祖父建的"八千卷楼"藏书楼,并将其扩建,分为"后八千卷楼""小八千卷楼""善本书室"等,总藏书室定名为"嘉惠堂",历经30多年,共藏书30万卷,计八千多种书。这些藏书中有宋元刻本、名人稿本和校本,还有铭刻经本、乡土文献等许多珍贵书籍。

如今,丁丙的藏书都收藏于南京图书馆内。他对保存我国古代文化典籍做出了不可磨灭的贡献。

汉字演变

| 甲骨文 | 金文 | 篆文 | 隶书 | 楷书 |

魏

你不知道的姓氏趣闻

远古时期，魏姓的起源与鬼神有关。在古老的西北部落中，有着傩（nuó）舞祭神的习俗，即向神明祈求粮食丰收。这时一群巫女会戴着用禾草扎成的高高的帽子，在巫师的带领下跳舞，全部落的人都会参与这种活动，这种习俗称为"魏"。巫女头上戴的禾草帽也叫"魏"，擅长这种活动的人群也以魏作为氏族名。渐渐地，人们修建的城邑称魏邑，后来就有了魏姓。

我们跳祭神舞的活动，就称为"魏"。

🔊 汉字解读

"魏"，本作"巍"，表示山势高而不平的样子。"鬼"字部象征的是宗教仪式活动，巫师常戴上吓人的面具，表示鬼神降临。在古代，"魏"后来多表示国名和姓氏。

我们是这么来的

源于隗姓

隗姓部落首领

我是西北隗姓部落首领，我们部落在夏朝时就建立了魏国。商朝末年，我们居住在今陕西马嵬坡一带，后来被周文王所灭，子孙以国名为姓氏，距今有4000多年了。

··· 源于姬姓 ···

我是周文王的第15个儿子,名姬高,因封在毕国(今陕西咸阳),人称毕公高。我的子孙中繁衍了魏姓。

我是毕公高的后人毕万,毕国灭亡后,我投奔了晋国,在晋国做了大夫,并得封地魏(今山西芮城县),子孙以封地名为氏,称魏氏。

我是毕万的后人魏斯,在春秋末年与赵氏、韩氏一起瓜分了晋国,自立为诸侯,称魏文侯。后来,我们国家成为战国七雄之一,被秦国所灭后,子孙以魏为姓,成为魏姓正宗。

··· 源于芈姓 ···

我是战国时期楚国人,后来成为秦国重臣(秦昭王舅舅),一生四次担任秦相,权倾朝野,因封地在穰(今河南南阳邓州),称穰侯。我族应是芈姓魏氏,后来子孙都改姓了魏。

··· 源于改姓 ···

我是南宋时期的著名学者魏了翁,推崇理学,反对佛、老"无欲"之说。我本姓高,因过继的缘故,改姓了魏。

我本是南北朝时期的氐族人,姓王。因为魏孝文帝迁都洛阳后,一度征收重税,我聚集民众起义,并改名魏揭。后来起义失败,我也被杀了,我的子孙就以魏为姓了。

我们家的名人簿

春秋

魏颗：晋国将军。他是魏武子的儿子，为人厚道。父亲死后，他没有遵照父亲遗愿，将他的爱姬陪葬，而是让她改嫁了。后来，这名女子的父亲在战场上结草帮助他打败敌人，以报答他对女儿的救命之恩。这就是著名的"结草衔环"中"结草"的报恩故事。

汉末三国

魏延：蜀国将军。刘备进入四川时，魏延立下许多战功，成为独当一面的大将军，镇守汉中十年。但他性格孤傲自负，常与诸葛亮意见不同，后来因谋反罪被杀。

南北朝

魏收：北朝大臣、文学家。他出身巨鹿魏氏，15岁时就以文章写得好而闻名天下。他为皇帝写封禅书，下笔千言，一挥手就写成了。他还曾主编史书《魏书》，为后世研究北朝历史留下了重要文献。

明

魏良辅：戏曲家。他一开始学习北曲，后来专心研究南曲，将各种戏曲唱腔进行整理，把南北腔融合，创造出一种新的清新细腻的唱法，即昆腔，他也因此被尊为昆曲之祖。

清

魏源：启蒙思想家，也是政治家和文学家。魏源年少时就有才名，9岁就参加了县里的考试。后来，他做过知州，也曾直接参与对英战争。清朝末年，中国遭到各国列强的侵略，魏源提倡学习西方的先进科学技术，提出"师夷长技以制夷"的主张，即用西方的科学技术来抵抗列强的侵略。他创作了一部介绍世界地理历史知识的综合性图书，即《海国图志》，这本书大大开阔了人们的眼界。他与虎门销烟的林则徐是好友，他们都是近代中国"睁眼看世界"的代表人物。

我们家的丰功伟绩

直言劝谏的典范

唐太宗时期,我们魏姓出了位非常有名的大臣,他敢于向皇帝直言进谏,指明皇帝的得失,不怕触怒龙颜,他就是魏徵。

魏徵曾担任谏议大夫,他主张君主要广泛听取意见,才能做一个明君。他如果觉得太宗哪里做得不对,就会直接说出来劝谏。有一次,太宗最心爱的女儿要出嫁,许多大臣为了巴结皇帝,都奏请公主以高出皇家礼制的标准出嫁。太宗听了很高兴,但魏徵却说,公主出嫁应符合礼制,规格不能高于长公主(皇帝的姐妹)。唐太宗听了之后心里虽然不高兴,但还是接纳了魏徵的谏言。还有一次,一位县丞触怒了太宗,太宗很生气,认为县丞诽谤他。魏徵又直言劝说太宗,他认为臣子进言言辞激烈不能算是诽谤,只是为了打动君主的心。太宗觉得魏徵说得有理,便没有怪罪那个县丞,还赏赐了他。

魏徵一生向太宗进言200多件事,大多有益于朝政建设。他常常在朝堂上与唐太宗据理力争,甚至争得面红耳赤。太宗也常气得扬言要杀了他,但他心里知道魏徵是位良臣,事后依然重用他。魏徵死后,太宗痛哭地说失去了一面能让自己明白得失的镜子。魏徵以诤臣名留史册,成为古代臣子直言进谏的典范。

薛

你不知道的姓氏趣闻

远古时期，我们薛姓的得姓始祖奚仲是个鼎鼎有名的人物。他心思奇巧，发明了两轮马车，被大禹任命为车正（官名），专门管理天下与车辕有关的事务。车辆的发明大大促进了古代文明的进步，这可是非常大的功劳，所以大禹给奚仲赐了一块封地薛邑（今山东滕州）。奚仲也称薛侯，同族的人都感到自豪，慢慢以薛为姓。

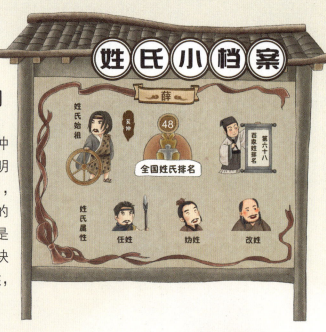

姓氏小档案
薛
姓氏始祖：奚仲
全国姓氏排名：48
百家姓排名：第六十八
姓氏属性：任姓、妫姓、改姓

祖先发明了马车，得了封地薛邑，我们就有了薛姓。

🔊 汉字解读

"薛"，本指一种蒿类植物。在古代，"薛"是周代分封的诸侯国名。现在多用来指姓氏。

我们是这么来的

源于任姓

我是黄帝的小儿子番阳，任氏部落（原在河北任丘，后迁移山东）首领。我们任氏族可是黄帝时期12个重要氏族之一，同样也发展了很多姓氏，其中就有薛姓。

我是番阳的后裔奚仲，因发明车辆有功而建立了薛侯国（今山东滕州，后迁移山东微山），成为薛姓得姓始祖。

我是奚仲的后裔仲虺（huǐ），也是商朝初期的重要大臣、商王汤的得力助手。我在原来的薛地（今山东滕州）重新建立了薛国。

我是仲虺的后裔，名成。我们薛国几经迁徙，到了周朝，我被周武王重新封为薛侯。到了战国中期，国家被齐国所灭，子孙以国名为姓，成为薛姓正宗。

··· 源于妫姓 ···

我是妫满后裔，齐国贵族，名田文，也是大名鼎鼎的战国四公子之一孟尝君。薛地（今山东滕州）是我的封地，我的子孙也发展为薛姓的一支。

我是舜帝的后裔，姓妫名满，在周朝初年建立了陈国，所以又称陈胡公。春秋时期，我的子孙跑到齐国，改姓了田，经过几代经营，成为齐国新的田氏国君。

我们是孟尝君的孙子田国和田陵，齐国灭亡后因失去封地，我们带领族人南下逃到了竹邑（今安徽宿州），与当地的薛姓人（任姓薛氏）一起聚居，就改姓了薛。

此外，古代匈奴族、突厥族、鲜卑族、蒙古族等游牧民族，都有族人在汉化过程中改为汉姓薛。

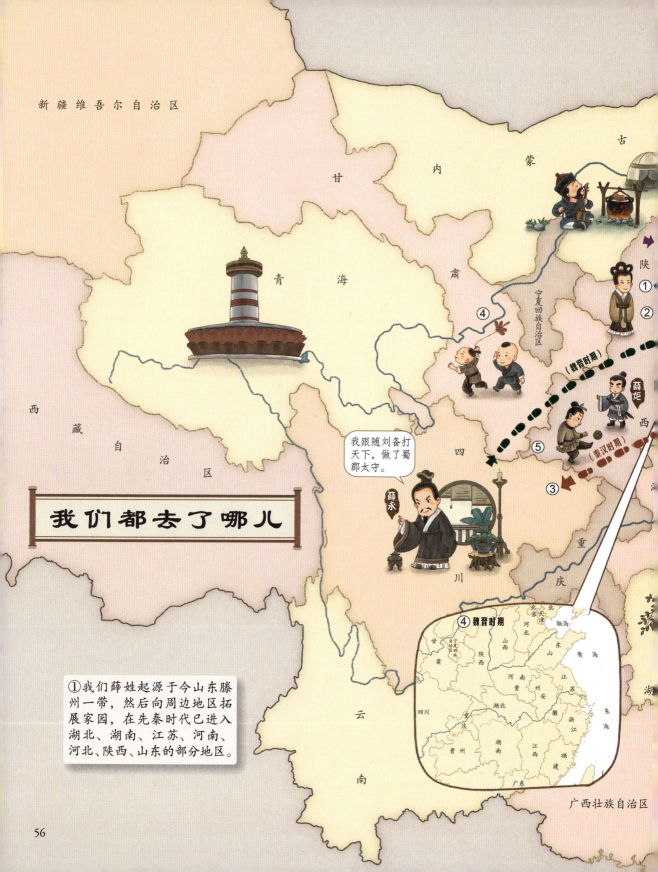

我们家的名人簿

隋唐

薛道衡：隋朝大臣、诗人。他13岁读《春秋左氏传》，就写出一篇辞藻华美的文章，被世人称为奇才。他的诗不仅文风绮丽，还带有清新气息，曾与一位南朝使者相互和诗几十首，一时传为佳话。

薛仁贵：唐朝名将。他早年以种田为生，后来投军，以作战勇猛著称。唐太宗出征高句丽时，薛仁贵身穿白袍骑白马，用一杆方天画戟和一张弓在战场上大显神威，一战成名。后来，他又几次出征高句丽，都取得大胜，曾一连攻下敌方70多座城池，成为高句丽人眼中的煞神。薛仁贵的箭术也十分高超，能一箭射穿五层铠甲。当时，新继位的回纥王与唐朝为敌，双方在天山一带展开战斗，薛仁贵临阵连发三箭射死三人，吓得敌军纷纷投降，他乘胜打败回纥军马，留下"三箭定天山"的传奇。薛仁贵一生战功无数，人们将他的事迹编成小说和评书，在民间广为流传。

薛涛：唐朝女诗人。她自幼受到父亲的良好教育，8岁时就能对出"枝迎南北鸟，叶送往来风"的句子。后来，她因生活所迫，加入乐籍，创作了大量诗歌。她还自制过一种用来写诗的桃红小笺，称"薛涛笺"。

清

薛雪：医学专家。他对湿热病非常有研究，也是治疗这类疾病的高手，医术与当时的名医叶天士齐名。他著有《湿热病篇》《医经原旨》等医学著作。另外，他还擅长写诗作画，号槐云道人。

薛允升：法律学家。当时晚清政府腐败黑暗，他主持刑部后，严肃法纪，严禁行贿受贿，使刑部的风气大有好转。而且他执法如山，对慈禧太后也不讲情面，平反了许多冤案，著有《读例存疑》《唐明律合编》等法律著作。

我们家的丰功伟绩

"河东三凤"传天下

古时候,"凤"是传说中的百鸟之王,常用来比喻稀少而可贵的人。如果谁被称为人中龙凤,那绝对不是简单的人物。隋唐时期,我们薛家就曾一门出了"三凤",美名可是传天下呢!他们就是山西薛稷镇的薛收、薛德音和薛元敬。

他们三人出自同一薛门,全都文武双全、博学多才,闻名于世。其中,薛收最有名望,世称长雏(chú)。他自幼孝顺父母,刻苦学习,12岁就能写出一手好文章。后来李渊、李世民父子起兵反隋后,他加入李家阵营,成为秦王李世民帐下的谋士。他多次为秦王出谋划策,帮他擒拿当时的军事敌手王世充、窦建德、刘黑闼等,可以说是功不可没。

薛德音是薛收的堂兄,世称鸑鷟(yuè zhuó,凤中的一种)。他同样有很高的才学,曾辅助编撰《后魏书》。后来,隋朝灭亡,他到了王世充帐下,帮助起草各种文书。他的文章也有很多流传于世。

薛元敬则是薛收和薛德音的侄子,世称鹓鶵(yuān chú,也是与凤同类的鸟)。他年少时就有才名,曾帮助李世民撰写章表檄文,很得李世民赏识。而且他为人正直,胸怀坦荡,不阿谀奉承,房玄龄(唐朝宰相)称他为后生可畏。

"河东三凤"就是当时我们薛家门上的三面旗帜,在当时与后世都享有美名。

你不知道的姓氏趣闻

远古时期，我们古老的叶氏族以植物叶子为图腾，久而久之，部落人居住的地方就叫叶，并诞生了叶姓。繁衍至今，我们叶姓家族还有外族基因加入。汉朝时期，在今天的印度尼西亚的爪哇岛（一说苏门答腊岛）有个叶调国，他们国家经常派使者到中国来，还有一些普通百姓也到中国来生活。这些外来移民后来大部分都以叶为姓，成为我们叶姓的一员。

> 我们来自古叶调国，来到这里后改为叶姓。

🔊 汉字解读

"叶"，本义就是植物的叶子。因为树叶发于枝端，大小、形态各不相同，所以也用来形容外沿不规则的云或祥气四射的样子。另外，"叶"还引申为世代、时期，如世纪初叶等。

我们是这么来的

源于芈姓

我是颛顼的后裔，火神吴回的儿子陆终。我娶了鬼方氏（商周时期西北部落）的妹妹为妻，生了6个儿子，他们各自发展了很多重要姓氏，其中包括叶姓。

我是陆终的第6个儿子，名季连。后来，我被赐姓芈，我的后代就姓芈了。

我是季连的后裔，芈姓，名熊绎。我的祖父做过周文王的老师，而我被周成王封在荆州，建立了楚国。

我是楚国王族，楚庄王（春秋霸主之一）的曾孙尹戌，因曾做过沈县（今安徽临泉）令尹，而被称为沈尹戌，后来的叶姓就出自我的子孙。

我是沈尹戌的儿子，楚国的政治家和文学家，被楚昭王封在叶邑（今河南叶县旧城），人称叶公。后世部分子孙以封邑为姓氏，发展为叶姓正宗。

··· 源于改姓 ···

我本是唐朝时期的许姓人，唐宣宗时我和弟弟许延二带领全家七十多人从河南迁到福建，后来改为叶姓，成为当地叶姓始祖。

我们来自较为古老的叶阳氏族和叶大夫氏族。后来，我们两个家族在发展中都将姓氏简化为叶，加入了叶姓家族。

我来自古印度尼西亚的叶调国，在汉朝时期，我和同伴来到中国生活，改姓了叶。此外，中国的蒙古族、满族等不少民族里都有人改为汉姓叶。

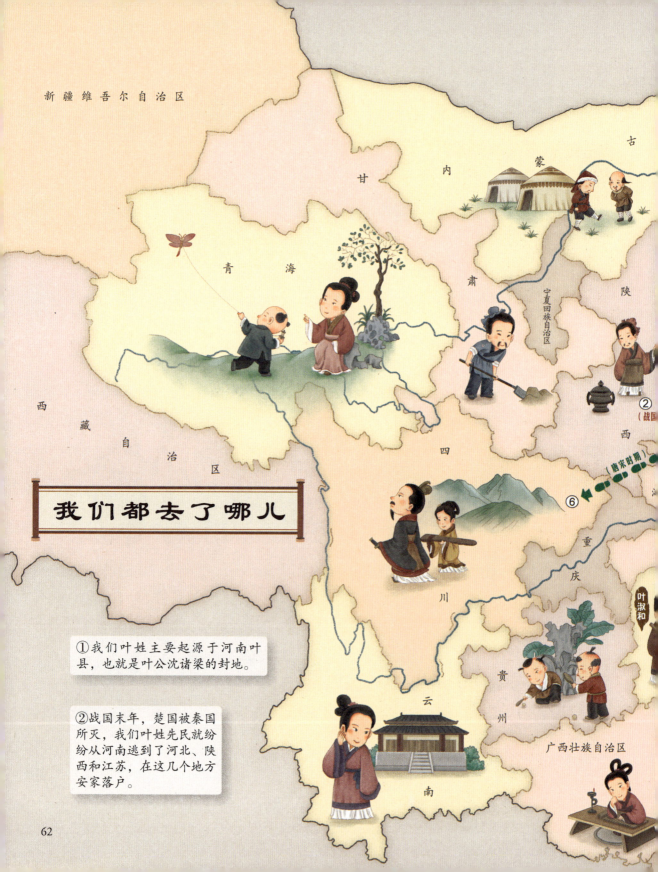

我们家的名人簿

汉

叶雄： 汉末名将。他是董卓的部下，英勇善战，后来在孙坚讨伐董卓的战役中被杀。《三国演义》中将他的名字误写作"华雄"。

宋

叶梦得： 著名词人。叶梦得出身书香世家，父母都出自名门，他自幼得到了良好的家庭教育。他早期作的词风格婉丽，都是传统题材。但后来北宋灭亡，皇室不得不仓皇逃往南方，建立南宋。面对国破家亡，叶梦得开始学习苏轼的豪放词风，来抒发亡国之恨和抗敌之志。他开创了南宋时期以"气"入词的词坛新风，将英雄气、狂气和逸气融入词中，引导了当时整个时代词风的转变。除了写词，他还是一个非常厉害的经学家，熟悉历史和版本目录的学问。此外，他也十分重视对子女的教育，要求儿女必须把读书放在第一位，认为不读书就没有学问，跟呆子没什么区别。他将这些编入《石林家训》，流传后世。

叶适： 南宋思想家、文学家。当时南宋朝廷与金国对峙，叶适对外力主抗金，反对议和，也曾亲自到边防抵抗金军。他认为功利之学对强国有效，反对空谈性命。他还主张要重视商业，提高商业的地位。

明

叶绍袁： 著名文学家。他因反对大宦官魏忠贤专权，坚决辞官回了家，和妻子儿女在家歌咏诗歌。妻子是杰出的诗人，儿女们也都有才名（如叶小鸾、叶燮等）。他著有诗集《秦斋怨》，还将妻女的诗歌编成《午梦堂全集》，流传于世。

清

叶燮： 诗论家。他的父母都是文化名人，经历过丧母和流亡，做过几年知县，后来开办了一所"民办学校"，专门教授学生，宣传自己的诗歌理想。他的诗论《原诗》，是我国文艺理论上最具逻辑性和系统性的一部理论专著。

我们家的丰功伟绩

开宗立派,"咏春"名传天下

我们中国常被认为是"武术之乡",这少不了许多武学宗师的贡献。在20世纪,我们叶姓家族就出了一位武术大家,他开创了咏春拳派系,将我们中华民族的武术精华——咏春拳,传到了世界各地,他就是叶问。

叶问是广东人,自幼身体比较弱。后来为了强身健体,他拜了拳师陈华顺为师,学习咏春拳拳术。经过多年的苦练,叶问练就了很厉害的拳术武功。在几位朋友的协助下,他在香港开馆授徒,教人练习咏春拳。学拳的人越来越多,拳馆越开越大,他的名声也响亮起来,更多的人慕名来拜师学艺。

叶问教授拳术,十分重视人才的选拔。对每一个学徒,他都从身体到心性了解清楚,再根据每人的不同情况量才而教,并且重视初入门训练,不计较时间的长短。他精心传教二十多年,将传家秘术咏春拳发扬光大,培养了一大批武术人才,如武打明星李小龙、武术家梁挺都是他的弟子。尤其是梁挺,作为叶问的关门弟子,同样致力于咏春拳的研究、教授和传播,他通过完整的拳术体系,将咏春拳带到了世界各地。

叶问一生练拳,传授拳术,为咏春拳开宗立派,成为后人尊敬的一代宗师。现在,他的事迹还被拍成了电影,让更多的人了解了他的传奇人生。

阎

你不知道的姓氏趣闻

周朝建立之前，太伯和仲雍（周文王的两位伯父）为了让贤，由弟弟季历（周文王的父亲）接替首领之位，而他们离开了家乡，到南方建立了吴国。周朝建立后，周武王寻找太伯和仲雍的后人，将太伯的子孙仲奕封在了阎乡，后来仲奕的后人就以封地名为姓，改姓了阎。太伯还是吴姓的祖先，所以我们阎姓和吴姓也算是一家。

汉字解读

"阎"，从字形上看，像人从门里的小坑走出来。本义指里巷中的门，引申为巷里、胡同。在古代，"阎"（里门）与"闾"（里巷之门）常连用，表示乡里或民间。

我们是这么来的

源于姬姓

我是周族首领古公亶父的长子太伯，姬姓。因放弃继承首领之位，去了南方，创立了吴国。后来，我的子孙发展了吴姓，还发展了阎姓。

我是太伯的曾孙仲奕，周武王感念先祖让贤的恩德，将我封在阎乡，后来我的子孙以封地名为姓，发展为阎姓正宗。也有族人写成闫姓，实际我们属于同宗同姓。

我是正宗周王室子孙，祖父是周康王（武王的孙子），父亲是昭王。祖父将我封在了阎城（今陕西省北部一带）。后来，我的子孙也以阎为姓。

我是春秋时期晋国国君，世称晋成公，我的祖先是唐叔虞（周武王的儿子），当然我也姓姬。我的子孙中也有一支发展为阎姓。

我是晋成公的儿子，名懿。父亲给了我一块封地阎邑（今河南洛阳西南），后来这块封地又被晋国夺去，子孙四散而居，也以阎为姓了。

··· 源于芈姓 ···

我是春秋时期楚国王族，名熊伯玙，芈姓。我也是楚国的大夫，有封地阎邑（今湖北麻城）。

我是熊伯玙的后人阎敖，也是楚国贵族。后来楚武王将我封在尹权，但我的子孙中有以先祖封地名阎邑为姓的，称阎姓，发展为荆楚阎氏。

67

我们都去了哪儿

①我们阎姓有多个源头，先秦时期，阎姓族人主要在河南、山西、湖北一带生活。

②秦汉时期，甘肃、湖南、山东、河北等地都有了我们阎姓的足迹。

⑦ 明朝时期

我们家的名人簿

三国

阎宪：蜀汉官员。他曾在绵竹做官，用德政来教化百姓，使当地民风淳朴，百姓都路不拾遗。曾有人夜晚走路捡到别人丢失的锦，却不私藏，天亮就送到了县衙。

唐

阎伯屿：唐朝官员，文化名人。他喜欢结交名流、文士，在洪州做都督时，重修了滕王阁，并举办了一次笔会。宴会之前，他为了让自己的女婿扬名，就让女婿先写好一篇赞美滕王阁的序文。宴会开始后，他让大家作序文，没想到，一位叫王勃的才子文思泉涌，当场挥笔写下一篇文章。阎伯屿一开始不高兴，怕抢了他女婿的风头，但当他听到王勃的文章字字如珠玉一般优美时，他大叫奇才，赞不绝口，所有的不快一扫而空。他没有为了女婿出名而埋没好文章，而是让它流传出去。从此，王勃的《滕王阁序》名传天下，而滕王阁也因为这篇文章而天下闻名。这些，也得益于阎伯屿的无私与伟大。

明

阎仲宇：明朝大臣。他曾在山东惩治过迷惑百姓的妖僧，曾在洞庭地区围捕过贼寇、土匪，一生做出很多政绩，且为官清正，善于识别人才。他离职时，有数千百姓哭着挽留。

明末清初

阎应元：明末抗清名将。在明朝灭亡之际，阎应元在江阴做掌管缉捕的官。当时有24万清军围困江阴城，阎应元只带领6万人拼死抵抗，使清军损兵折将数万人。城破后，他和城中百姓英勇就义。

我们家的丰功伟绩

三观僧繇画，更上一层楼

唐朝的时候，我们阎家出了一位大画家，他叫阎立本。

阎立本出身于一个贵族家庭，他的父亲阎毗和哥哥阎立德都是有名的画家。他和哥哥一样，除了擅长作画，还对建筑十分精通。

在绘画方面，阎立本有很多奇思妙想，而且对画技精益求精，一有机会就会仔细揣摩研究。唐朝之前，有一位大画家叫张僧繇，他的画作传神逼真，备受后人推崇。有一次，阎立本到了荆州，在一家寺院里看到了张僧繇的画。他第一天看画，觉得张僧繇不过是徒有虚名。第二天又来看画，他发现张僧繇的确算是一位绘画高手。而到了第三天，他再来仔细看画，才领悟到张僧繇作品的真正妙处，并感叹张僧繇绝不是浪得虚名。于是，他在那里留下来，每天早晚都对着张僧繇的画细细端详揣摩，仿佛着了迷一般，十几天不忍离去。

正是这种认真钻研的精神，让他没有轻易下论断，而是不断揣摩张僧繇的画法，希望从中学习到精湛的画技，使自己的绘画水平更上一层楼。直到后来，他的画作也可以和张僧繇的作品相媲美。他一生画了很多作品，有凌烟阁中的24位功臣画像，还有《步辇图》《历代帝王图》等传世佳作。这些成就，让他终成一代绘画大师。

你不知道的姓氏趣闻

现今，我们余姓的"余"，都读"yú"。而在古代，"余"有这几种读音，即 yú、tú、xú、xié。这几种读音都可以表示姓氏，但不同的读音代表来自不同的血缘。读"yú"主要代表来自姬姓这一脉的余姓；读"tú"或"xú"主要代表来自姒姓这一脉的余姓；读"xié"主要代表来自古地名"褒余道"的余姓。

汉字解读

"余"，从甲骨文和金文来看，字形像树木撑起的房屋，所以它的本义就是房舍。后来，"余"字引申为第一人称"我"，还有富余、剩余的意思。此外，"余"还代表舒缓的语气。

我们是这么来的

源于姒姓

我是大禹的小儿子，本姓姒，名罕。因为母亲是涂山之女，我们那时候"余"与"涂"通用，所以我得赐姓余（读 tú 或 xú），后代就以余为姓了。

我是夏朝最后一代君主，大禹的后裔夏桀。国家被商汤灭亡后，我逃到南巢（今安徽巢湖市）。一部分夏朝后裔在山西南部建立了繇余国，后来子孙也以余为姓。

··· 源于姬姓 ···

我是春秋时期晋国人由余,姬姓(一说我是姒姓后人)。后来,我到秦国做了大夫,帮助秦穆公打天下,助秦国成为春秋五霸之一。我的一部分子孙姓了余(yú),并成为余姓正宗。

··· 源于隗姓 ···

我来自春秋小国余国,属于赤狄部(河西古民族),隗姓。我们居住在山西长治一带,与晋国人杂居,后来子孙也有以余为姓的。

··· 源于国名和地名 ···

我是春秋时期余丘国国君。我们国家在山东一带,是个靠近鲁国的小国,家族以余丘为姓氏,后来简化为单姓余。

我来自褒余氏,后来简姓余(起初读xié,后来读yú)。汉朝时期,古蜀国有一条栈道,叫褒斜栈道(以前叫褒余之道)。居住在这条道周围的居民就称褒余氏或褒斜氏。

··· 源于改姓 ···

我来自汉朝时期的匈奴族,我和族人住在梼余山附近,称梼余部,后来我们改为单姓余(起初读tú,现也改读yú)。

我来自蒙古贵族铁木氏,父亲是元太祖时期的宰相。因为父亲受到陷害,我和其余4个兄弟逃亡到贵州,改姓为余,成为余姓家族的一员。

我们家的名人簿

唐

余南涧：唐朝官员。他年少时读书非常刻苦，曾专门为自己做了一个独腿凳。假如读书读困了，凳子一晃就会摔醒，醒了他就继续读书。后来，他做了官，为百姓做了很多实事。

余玠：南宋名将。他曾在白鹿洞学院和太学上舍读书，熟悉兵法，投入军中后，立了不少战功。后来，蒙古军南下攻打南宋疆土，余玠组织军民抵抗，多次击退敌军。最重要的是，他在防守四川时，屯田筹备军粮，整顿军队，并在四川、重庆一带建立了一个钓鱼城堡垒。这个堡垒具有三层防御体系，牢牢地阻挡了蒙古铁骑的进攻。南宋朝廷趁此机会得到休整，而没有很快灭亡，又延续存在了二十多年，这都是余玠的功劳。可惜后来，余玠受到诬陷，得不到皇帝的信任，在忧愤中去世。

宋

余靖：北宋名臣。他做官正直敢言，关心百姓疾苦，多数建议都得到皇帝采纳，与欧阳修、蔡襄、王素并称"四谏"。他曾三次出使契丹，两次平定蛮寇，一生政绩很多。

清

余舒岩：京剧表演艺术家。他出身京剧世家，祖父余三胜、父亲余紫云都是著名的京剧大师。他拜谭鑫培（京剧鼻祖）为老师，并融合多家唱法，形成自己的表演风格，创立了"余派"。

当代

余光中：作家、诗人和翻译家。他曾留学美国，在台湾各大学任教多年，一生创作了很多诗歌和散文，也翻译了很多国外作品。代表作有诗《乡愁》、散文《听听那冷雨》等。

余玠

我们家的丰功伟绩

刻书一绝，独领风骚

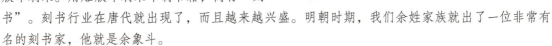

古时候，人们要印刷书籍，靠什么？靠雕版印刷术。用雕版印刷术印制书籍，简称"刻书"。刻书行业在唐代就出现了，而且越来越兴盛。明朝时期，我们余姓家族就出了一位非常有名的刻书家，他就是余象斗。

余象斗出生于刻书业很发达的福建，自幼对刻书耳濡目染。30岁时，他放弃了科举考试，专心在书坊里刻书。他不但是个书坊主、出版家，还是个小说家。民间出现哪些流行小说，他就马上刻完印刷，并以同样的题材写出同类小说。比如《西游记》问世后，他就写了《北游记》《南游记》等，和《西游记》一起获得大卖。为了提高读者的阅读兴趣，他还精心设计各种图书版式，并在书中配上插图，加上评论。这种图文结合的"点评本"，受到广大民众的欢迎，他开创了小说点评的自觉时代。此外，他不但印刷各种畅销书，还为天下读书人提供科举考试的试题模本，就相当于我们现在的考试辅导书，同样非常受欢迎。

可以说，余象斗是明代出版界的鬼才、营销界的鼻祖，他的书坊是当时的业内冠军，几乎打遍天下无敌手。他刻书几十年，不仅促进了古代出版业的发展，也为中国通俗文学的发展做出了重要贡献。

你不知道的姓氏趣闻

据考证,"潘"字演化有两个来源:一个是指淘米水,这种水可以用来洗头发;一个是"番"字的演化,"番"本义是兽的脚。所以,专家猜测,最早的番人,大概是制作"潘"这种汁水的氏族和崇拜兽脚的氏族。这两个氏族大概都生活在水边,渐渐演化为潘氏族,并有了地名"潘",也有了姓氏"潘"。

我们氏族会做潘水。

我们崇拜兽足,后来发展了潘姓。

🔊 汉字解读

"潘",本义指淘米水的水。另一说,在河南荥阳,有一条古河流名潘河。古时,"番"也同"潘"。现在,"潘"多用作姓氏。

我们是这么来的

源于姚姓

我是上古时期部落联盟首领舜,因为出生在姚墟(今河南濮阳西),所以我姓姚。我做首领时,将部落迁到了今山西一带。到了商、周时期,有子孙发展了潘姓。

我是舜帝的后裔,商朝时期,我们在潘地(今陕西兴平北)建立了潘子国,我成为国君。后来国家被周文王所灭,子孙便以国名为姓,改为潘姓。

··· 源于姬姓 ···

我是周文王。商朝末年,我出兵灭掉了姚姓潘国,之后将潘地封给了我的子孙。

我是周文王的孙子、毕公高的儿子,名季孙,被封在原来的潘地,建立了姬姓潘国。后来我们国家几次迁徙,迁到了河南固始,再后来被楚国所灭,子孙就以国名潘为姓。

··· 源于芈姓 ···

我是春秋时期楚国国君,世称楚成王,芈姓。我们国家日益强盛,灭掉了周边包括潘国在内的许多小国,潘国成为我楚国的一个城邑,子民后来以潘为姓。

我是楚成王时期太子的老师潘崇,也姓芈。楚成王想废掉太子,我却帮助他保住了太子之位。后来,我受封太师,地位更加显赫,子孙便以我的名字为姓,称潘姓。

··· 源于改姓 ···

我来自南北朝时期鲜卑族的破多罗氏,因为魏孝文帝进行汉化改革,我们这一族人改为汉姓潘。

我来自台湾地区的高山族,我们族人在清朝时期归顺朝廷,被赐姓潘,成为潘姓家族的成员。

我们都去了哪儿

①我们潘姓主要起源于河南固始县，也就是姬姓潘国所在地，至今有3000多年了。

②先秦时期，潘国不幸被楚国所灭。我们潘姓族人主要在湖北一带生活，后来从湖北向湖南、山东迁徙。同时我们潘姓也在江苏和浙江安了家。

③三国时期 第一望族 潘

(清朝时期)

我们家的名人簿

三国

潘璋：吴国将领。他作战非常勇猛，曾跟随孙权南征北战，立下很多战功。后来，蜀汉名将关羽败走麦城时，被他的部下擒拿，他得封振威将军、溧阳侯。

宋

潘美：北宋开国将领。他曾多次参与平南唐、灭北汉、征太原等重要战役，得封韩国公。后来，在一次攻打辽国的战役中，因他指挥不当，导致名将杨业全军覆没，他也因此被降职。

潘大临：江西派诗人。他和弟弟潘大观都以写诗闻名，与苏轼、黄庭坚等人常一起结伴相游，苏、黄二人都喜欢他的诗。成语"满城风雨"就出自他的诗句"满城风雨近重阳"。

潘大临

明

潘季驯：明朝大臣、水利专家。他是明朝中期的官员，那时候黄河经常泛滥，他就被派去治理黄河，一共参与了四次治河，取得很大的成效。他总结前人经验，根据黄河水含沙量大的特点，提出了"束水攻沙"的治河方略，即收窄河道，利用水的巨大冲力，冲刷河床底部，从而达到清淤泥、防洪水的目的。他根据这一治河方略，加固河岸堤防，使黄河好多年都没有泛滥。在多年治河期间，他不辞辛苦，经常亲自到施工现场，与河工们一起劳作。他的治河策略，也对后世治河产生了深远的影响。他还留下了《宸断大工录》《两河管见》《河防一览》等有关治河的著作。

潘季驯

明末清初

潘柽章：史学家。他上知天文，下知地理，尤其对史学最为精通。明朝灭亡后，他埋头著书，写成《国史考异》一书，并一直在筹备《明史记》的写作。可惜书还没完成，他就被牵连到"明史案"中。

我们家的丰功伟绩

桃花县令种桃花，种出河阳一县花

古时候，有几位特别出名的美男子。除了傅粉何郎何晏，还有玄学家卫玠，再就是我们潘姓家族的潘安了。现在，我们仍然用"貌比潘安"一词，来形容男子长得像潘安一样美。

潘安是西晋时人，真名叫潘岳。因为杜甫有一句名诗"恐是潘安县，堪留卫玠车"，写了潘岳和卫玠两大美男子，后来人们就把潘岳叫成潘安了。潘安有多美呢？据说，他驾车走在街上，街上的女子为了表达对他的喜爱，纷纷往他的车上丢水果，常常是把车都丢满了。潘安不仅容貌好，文才也好，是当时有名的文学家。他既能写诗，又善于作赋，文才与当时的陆机并称为"潘江陆海"，意思是说他们二人的文学才华如江海的水一样多。

潘安虽然有才华，但也遭人嫉妒，30多岁仍是一个河阳县令。不过，他当官很有意思，在任职期间他结合当地地理环境，让百姓在河阳全县都种满桃树。每到桃花盛开的季节，就成为当地的胜景，深受百姓喜爱，有"河阳一县花"的美称。因此，人们也称潘安为"桃花县令"。李白曾作诗赞道："河阳花作县，秋浦玉为人。"

除了种花，潘安还很孝顺母亲，对妻子也非常专情。他一生留下不少美谈，是个传奇人物。

文图编辑：张　艳

文字撰写：杨玉萍

装帧设计：ABOOK·蜀黍

美术编辑：玉琳儿

图片绘制：刘宁、田颖

编者说明

中国姓氏文化源远流长，姓氏起源可追溯到远古氏族时代，随着历史的发展和社会的进步，姓氏也随之丰富、庞杂。

本书收录了最常见的52个姓氏，"百家姓排名"均按照流传最为广泛的宋版《百家姓》中的顺序；"全国姓氏排名"编写时间早于出版时间，如果出版后有所变化，望读者见谅。

另外，本书所写姓氏属性、姓氏起源及姓氏迁徙等内容由于史书记载不一，各家之说众多，我们参考了权威专家出版的书籍，采纳最为普遍认同的观点进行编写，所写内容有疏漏和失当之处，望读者批评指导。